中国农业种植结构转型研究

ZHONGGUO NONGYE ZHONGZHI JIEGOU
ZHUANXING YANJIU

杨 进 著

中国农业出版社
北 京

图书在版编目（CIP）数据

中国农业种植结构转型研究/杨进著．—北京：中国
农业出版社，2021.8
ISBN 978-7-109-28645-0

Ⅰ．①中…　Ⅱ．①杨…　Ⅲ．①种植业结构-研究-
中国　Ⅳ．①F326.1

中国版本图书馆 CIP 数据核字（2021）第 158023 号

中国农业出版社出版

地址：北京市朝阳区麦子店街 18 号楼
邮编：100125
责任编辑：闫保荣
版式设计：王　晨
印刷：北京中兴印刷有限公司
版次：2021 年 8 月第 1 版
印次：2021 年 8 月北京第 1 次印刷
发行：新华书店北京发行所
开本：700mm×1000mm　1/16
印张：9.5
字数：160 千字
定价：58.00 元

　　我之前研究过农村劳动力市场（几篇文章发表于《AJAE》《CER》《JPA》《管理世界》），还研究过农业补贴和农村土地流转的问题（发表于《中国农村经济》），小农户的农业机械化问题（发表于《中国农村经济》）。但是，从 2016 年开始，研究重心逐渐转移到农业结构转型问题，这可能源于我两段经历。其一，我最开始进入学术圈跟随张晓波（北京大学国发院）研究农业分工问题，熟悉并且喜欢经济学的劳动分工和专业化领域，这条脉络我比较清晰，从亚当·斯密到科斯，再到周其仁的口语化论述；其二，我长期在华中科技大学经济学院给本科生一年级、二年级和三年级讲授发展经济学的经历分不开，在课堂上我常常会讲经济学劳动分工的问题、国际贸易问题以及国内产业布局问题和社会案例。

　　另外一个潜在的原因，可能是结构问题更加宏大一些，尤其结构问题涉及时间的变迁，有一个动态的调整。有时候我会突发奇想，认为作为一名社会科学的学者，应该以解决中国社会更宏大的问题为己任，应该在更大范围内做出学术贡献，以推动中国社会的进步，深化大众对社会重大问题的理解和认知。

　　这么厚的一本著作当然需要很多人的帮助，主要是我所带的研究生给了我不少帮助，所以需要感谢他（她）们，分别是刘静怡、张文文、王欣怡、蔡晓雨、刘新宇、张绪祥和刘南江，另外还要感谢万千。之所以单独提，是因为万千不是我的学生，而是我的合作者之一。同时感谢中国农业出版社的编辑为本书出版给予的大量帮助。

　　下面的话是大致介绍本书的研究内容，虽然枯燥了些，但是对于不打算继续阅读的读者，算是一个省事的步骤，权且啰唆一下，分成以下七个章节：

第一章：农业经济学方法论的思考

基于中国"三农"问题研究的方法论研究和理论构建研究较为欠缺，本章首先梳理了关于农业、农村和农民三个研究对象的基本特点，然后回顾了经济学方法论演化的三个阶段，接着讨论了经济学理论研究中的"推理"和"假设"两个方面的相关内容，最后阐明了如何从中国"三农"视角构建经济理论。笔者认为，中国农业经济学的理论构建要基于中国农业、农村和农民的独特属性，进行一定程度的抽象和提炼，建立相对具体的理论假设，再进行演绎推理，最终形成能够解释中国社会现实、具有中国特色的"三农"经济理论。

第二章：中国农业种植结构变化对生产效率的影响：基于专业化分工的视角

近年来我国粮食作物和经济作物播种面积占比不断变化，南方地区和北方地区的农作物种植结构呈现出专业化分工的趋势，这种农业种植结构变化是否会对生产效率产生显著影响？为了探究该问题，本章基于2000—2018年省级面板数据，运用随机前沿生产函数模型，评估中国过去20年农业种植结构变化对农业总产值和生产效率的影响。研究表明：过去20年中国种植结构发生了显著变化，南方的粮食作物占比在不断下降，经济作物占比在不断上升；而北方的粮食作物占比在不断上升，经济作物占比在不断下降，地区之间呈现出专业化分工的趋势性特征。实证分析发现，这种结构性专业化分工趋势对中国农业总产值产生了显著影响，不仅促进中国农业总产值的提高，还提高了中国农业生产效率水平，表明亚当·斯密关于专业化分工的理论正在中国农业生产领域发挥作用，专业化分工带来的农业种植结构变化正在快速推动中国农业生产效率的进步。

第三章：非农就业和粮食生产的变化：基于中国的新论据

非农就业会如何影响粮食种植？对于这个问题的研究在学术界并没有形成一致的结论。本文提出一个非线性影响的理论框架来解释该问题。利用固定观察点微观农户数据实证分析发现：非农就业对中国粮食作物种植面积和经济作物种植面积都造成了显著负向影响，但是对结构占比

的影响不显著。更为重要的是我们发现非农就业对粮食种植呈现出倒 U
形的影响特征，当农户家庭非农就业比例很少时，非农就业会显著促进
农户家庭的粮食种植；而当农户家庭非农就业比例很高时，非农就业
会显著降低农户家庭的粮食种植。此外，我们也从农户家庭的土地规
模、土地特征、家庭的区位分布和老龄化等多个层面进行了异质性
研究。

**第四章：依靠科技进步应对劳动力老龄化、非农就业与农户粮食种
植：基于全国固定观察点调查的证据**

随着农村劳动力老龄化的不断加剧，中国的粮食种植是否会受到冲
击？本章基于农业农村部固定观察点大样本农户数据进行实证研究，结
论表明：农户劳动力老龄化的加剧，会促使农户减少劳动强度较大的粮
食作物种植，农户老龄劳动力的比例每上升 1%，其粮食作物播种面积
会减少 5.3%。在水稻、小麦和玉米三种主粮作物中，劳动力老龄化对
生产过程中劳动投入较大的水稻和玉米的负向影响要大于劳动力投入较
小的小麦。我们通过使用中介效应模型探讨作用机制，实证结果发现：
劳动力老龄化的加剧，一方面直接减少农户农业劳动力的供给，对粮食
种植造成了显著负向影响；另一方面间接影响农户劳动力非农就业的行
为决策，降低农户劳动力外出打工的比例，缓解了农业劳动力供给，对
粮食种植会造成正面影响；综合直接效应和间接效应，整体仍呈现出负
向的影响效应。

第五章：劳动力成本上涨和中国农业种植集聚发展

农业生产集聚是如何形成的？本章利用中国 31 个省份（不含港澳
台，下同）1998—2017 年种植业播种面积数据，从劳动力成本变化的角
度对这一问题进行了研究。实证结果表明：第一，我国种植业正朝着集
聚生产模式发展，特别是粮食作物中的小麦种植以及经济作物中的棉花
和糖料种植。第二，劳动力成本的上涨对其集聚生产具有显著的正向影
响，加速了我国农业种植业专业化发展的趋势。第三，异质性分析表明，
随着农户用地规模的增大，劳动力成本上涨对农业种植业集聚的正向影
响更大。

第六章：中国农业机械化发展对粮食播种面积的影响

本章利用农村固定观察点的农户调查数据，研究了中国农业机械化发展对农户粮食播种面积的影响。研究结果表明：农户在粮食生产过程中是否使用农业机械化服务，对粮食播种面积都不会有显著影响；但是，不断上涨的每亩农业机械作业费用会降低农户粮食作物播种面积及其在农作物总播种面积中的占比；如果农户地处平原地区，每亩农业机械作业费用上涨对该类农户粮食播种面积和占比的负向影响将会被削弱。

第七章：交通基础设施和粮食生产专业化

交通基础设施发展可以大幅度减少经济活动的交易成本，随着交通基础设施的不断完善，它将如何影响一个国家不同地区之间粮食专业化生产？中国在过去的几十年改革开放过程中，交通基础设施经历了飞速的发展，本章利用中国1998—2017年不同地区数据研究这个问题，实证结果表明：一方面，交通基础设施发展会对粮食种植面积和占比造成显著负向冲击，促进粮食作物种植向经济作物种植方向转变；另一方面，交通基础设施又会对粮食作物种植的集聚产生显著正向影响，促进粮食作物的种植向具有比较优势的地区集中。另外，不同土地规模的地区之间，交通基础设施对粮食作物种植的影响也存在显著的差异化特征。对于土地规模较大的地区而言，交通基础设施发展对粮食作物种植面积和占比的负向影响被显著削弱，而对粮食作物集聚的正向影响被显著放大。这表明交通基础设施发展，经济活动交易成本的逐渐减少，会促进不同地区的粮食种植呈现出劳动分工的趋势，使传统分散的粮食种植逐渐向具有比较优势的地区进行专业化生产。

CONTENTS **目 录**

第一章　农业经济学方法论的思考

基于中国"三农"问题的农业经济学实证研究颇多，但是相关的方法论研究和理论构建研究较为欠缺，本文首先梳理了关于农业、农村和农民三个研究对象的基本特点，然后回顾了经济学方法论演化的三个阶段，接着讨论了经济学理论研究中的"推理"和"假设"两个方面的相关内容，最后阐明了如何从中国"三农"视角构建经济理论。本文认为，中国农业经济学的理论构建要基于中国农业、农村和农民的独特属性，进行一定程度的抽象和提炼，建立相对具体的理论假设，再进行演绎推理，最终形成能够解释中国社会现实、具有中国特色的"三农"经济理论。

第一节　引　　言

现象背后必然有规律，任何事情的发生不会是无缘无故的，社会事件发生的背后，都有迹可循，存在规律，科学研究工作者则通过大量的调查和分析，试图寻找社会事件背后潜藏的规律，明白其中暗含的道理，以指导未来经济社会活动。中国改革开放始于农村改革，中央提出"家庭联产责任承包制"解放了当时社会背景下的农业生产潜力，开启了中国经济几十年的快速增长，创造了世界瞩目的"中国奇迹"。在此期间，中国社会的快速变化，为中国"三农"学术研究提供了丰富的现实素材，围绕农业、农村和农民的相关研究呈现出百花齐放的争鸣之势，诸多学者对各种"三农"现象进行了深入研究和剖析，提出了各种规律和理论以解释现实。

但是，"三农"学术研究涉及的社会层面广，学者们总结出来的很多规律和结论不一致，存在诸多值得争议的问题。罗必良（2020）提到"三农"研究存在几个问题不利于分歧的梳理、学术的交流、共识的达成，分别是"问题描述的现象化""话语议题的离散化""分析理解的碎片化"。很大程度上，这些问题的产生根源于"三农"领域学者对农业经济学方法论的忽视和研究范式的不统一，由此也造成了不同学者难以在一个共同学术框架下进行对话，无法产生学术共鸣，难以感知"三农"问题研究的重要性。

农业经济学从学科来说，应该被划分到经济学这个大类，它与其他经济学研究的区别和显著特点在于它的研究对象是中国经济社会发展过程中所出现的具有时代特殊性的中国"三农"问题[①]。因此，中国农业经济学的研究，需要深刻把握住"三农"自身的独特属性，再结合经济学方法论和研究范式，以此来发展和深化农业经济学的研究，从而促进农业经济学学科内的学术对话，以及与其他学科之间的学术对话。

第二节　研究对象与特点

农业经济学，它的研究对象不仅仅局限于农业，还涵盖了农村的经济问题、农民的经济问题，在中国的学术圈内被定义为"三农"问题研究。"三农"问题的提出，是中国在改革开放过程中出现的特有的城乡"二元"关系和特有的城乡发展路径背景下产生的（陆学艺，2004），最早可以追溯到20世纪90年代，叶敬忠（2018）认为可以追溯到1992年的《新闻通讯》一篇以"三农"报告的辩证思考文章，将"农村、农业、农民"简称为"三农"。直到90年代中期，学界和实际部门的工作者基本把农业、农村、农民问题联系到一起进行研究和分析，"三农"问题在全国逐渐形成共识，被引用到各种文件、媒体和论著当中（温铁军，2004）。1998年10月，《中共中央关于农业和农村工作若干重大问题的决定》指出："农业、农村和农民问题，是关系改革开放和现代化建设全局的重大问题。没有农村的问题、就没有全国的问题，没有农民的小康，就没有全国人民的小康，没有农业现代化，就

---

① "三农"问题的研究内容范畴比较广泛，并不是所有的"三农"问题都要用经济学的范式来进行研究，比如乡村治理和社会结构变化，这些问题很多学者很好地使用了政治学、社会学和伦理学的方法论和研究范式进行分析，提出了很多具有解释力的结论。

没有整个国民经济的现代化。稳住农村这个大头，就有了把握全局的主动权"。

"三农"问题源于中国特殊社会背景下农业、农村和农民所面临的一些亟待解决的重大经济社会困境，所以它从提出开始就是一门立足于中国社会现实，解决中国社会现实发展困境的学科。它的核心研究问题，本质上是经济学要解决的议题：即"三农"领域内农业资源如何分配、农村资源如何分配、农民资源如何分配，以达到帕累托福利水平最大化，从而实现农业兴旺、农民富裕和农村乡土文明的美好格局。

农业经济学的研究或者"三农"问题研究，它与其他经济学分支领域学科的差异主要源于研究对象的不同。相对于工业、服务业等领域而言，农业、农村和农民的研究都有其异常显著的特点。

一、农业特点

农业区别于工业的最大特点在于它的经济再生产和自然再生产的相互交织特征（吴方卫，2015）。农业的经济再生产涉及市场经济层面，包括农业的加工、流通、销售等诸多市场经济环节等。农业的自然再生产涉及农产品的基本属性，显著特征就是农业的季节性和周期性特点。

工业产品，不同环节的零件可以在不同机器上同一时间内生产，能够在很短的时间内制作为成品。但是，农产品的各个生产环节只能一环套一环，无法提前，也无法滞后。比如水稻的生产，必须是耕田、插秧、除草施肥、收割、脱粒，这些生产环节随季节时间变化，以及紧密衔接的生产流程，就决定了它与生俱来的季节性和周期性自然属性，也赋予了农业与工业完全不同的经济属性。

农业跟工业等其他领域显著不同的另一大特点在于农业是人类的衣食之源和生存之本，人类生存和生活的绝大部分物资原料来源于农业，尤其是在市场经济不确定和国际形势不确定的常态背景下，农业发展对生存保障变得极其重要，所以在分析农业相关的经济问题时，它常常涉及很多国家宏观政策背景，使得农业的经济分析更加复杂。

二、农民特点

陆学艺（2004）曾提道：农民问题是"三农"问题的核心问题，农民既是农业的生产者，又是农产品和工业品的消费者，他们同时具备了生产者和消费者的双重属性。农民在从事农产品生产时，兼具了农产品的自给性和商品性的两重特征，他们的选择更加多元化和复杂。此外，农业的基本生产单位是农户家庭，这又牵涉到农户家庭劳动力配置的集体决策问题，不单单是个体农民单独的经济决策。所以研究农民的经济属性时，远比工业领域研究工人特点要复杂得多。

三、农村特点

农村是农民生产、生活和居住的社区，它是集经济职能和社会职能于一体的综合体。在经济职能层面，它不仅包括了农业生产，还涉及村庄内的工业、服务业、交通业、建筑业、商业等物资与非物资的一系列经济活动。在社会职能层面，它不仅包括政治层面的村庄治理，还包括文化教育、风俗德行、乡土人情等一系列涵盖农民生活和工作的社会活动。所以，在进行农村问题的经济学分析时，常常要结合社会学、政治学、伦理学等多学科进行交叉分析，才能准确地把握和刻画农村的多元化特征。

从以上的农业、农村和农民的特点，我们可以看到这三个研究对象存在各自鲜明的特点，同时他们又相互关联，这就是为什么把它们三者集合称为"三农"问题研究的根源。因为这三个研究对象实际上组成了一个复杂的生态结构系统，涉及经济和社会发展的多个层面，这也是为什么农业经济学或者说农业经济管理学科在高等教育体系设置中，一直被单列为一级学科的原因，要解决"三农"问题，需要同时解决农业、农村和农民的问题，它本质上是一个系统工程。

第三节　经济学方法论的演变

农业经济学研究，首先属于一个社会科学的研究，其次可以划分到经济学的一个分支领域。既然属于经济学范畴的研究，必然要遵循经济学的基本研究范式。因此，我们要深入把握农业经济学的方法论和研究范式，有必要洞察经济学研究范式和方法论的演变轨迹。

从亚当·斯密以来，经过几百年的发展，经济学的研究范式和方法论发展有其自身的演化轨迹，总体来说，它源于哲学层面的归纳和演绎两种基本方法，大致历经了三次大的争论和变革，在不同时代背景下，分别确定了不同的经济学研究范式（朱富强，2009）：

第一阶段是19世纪70年代，基于重商主义、亚当·斯密、李嘉图的抽象演绎经济学思维背景下，门格尔和施穆勒之间爆发的经济学方法论之争，最终确定了抽象演绎经济学方法论的主流地位。

第二阶段是孔德实证主义的提出，继而波普尔证伪思想的发展与讨论，引发了20世纪初经济学第二轮方法论的大论战，具有代表性的著作是凯恩斯名著《政治经济学的范围与方法》，罗宾斯撰写的《经济科学的性质与意义》和哈奇森撰写的《经济理论的意义和基本前提》，这次方法论讨论逐渐将归纳和证伪的思想再次引入到经济学方法论体系。

第三阶段是第二次世界大战之后萨缪尔森和弗里德曼对以往经济学方法论的系统梳理，以弗里德曼发表的《实证主义的方法论》为标志性著作，确立了以抽象演绎和归纳证伪的逻辑实证主义作为现代经济学方法论核心基石。

纵观经济学以上三次大的论战，当前经济学研究范式中，基于演绎推理构建的理论分析范式和基于证伪主义构建的实证分析范式已经成为难以撼动的主流，农业经济学要进行更为广泛和深入的学科对话，必然要融入该范式当中。"三农"问题的研究一方面要基于中国农业、农村和农民不断变化的社会现实，进行假设提炼和演绎推理，从而形成具有中国特色的理论对社会现实进行解释和指导，另一方面也要从中国当下社会现实中寻找证据进行反复验证，从理论和经验两个层面实现中国"三农"问题的解决。

第四节 理论研究：假设与推理

"事实不能以事实解释，以理论解释现象，在某种程度上一定是抽象的"，张五常（2015）这句话提到了理论的重要性，也强调了理论研究抽象的重要性。在研究社会现实问题时，如果从经验研究无法抽象到理论层面，那么它的研究意义和对现实的指导意义就会大打折扣，就容易陷入具体的情境，而对其他相关社会问题缺乏参考意义。在理论研究当中，其中最重要的是理论假设的提炼和演绎推理过程①，以下我们将简要阐述推理，然后重点谈关于假设的一些重要方面。

一、理论研究的推理：形式逻辑

经济学理论构建的推理主要是基于形式逻辑的三段论演绎推理方法，它由三部分组成：大前提、小前提和结论。在大前提和小前提的假设存在下，演绎推理得出结论。

以图1-1为例来阐明这个问题：大前提的假设是"鸟的羽毛是黑色"，小前提的假设是"天鹅是鸟"，那么如果大前提和小前提都成立的情况下，自然可以得到结论："天鹅的羽毛是黑色"。

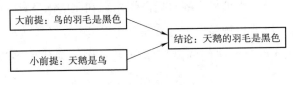

图1-1　黑天鹅的形式逻辑推理

通过以上形式逻辑的三段论推理，我们会发现理论构建中结论的生成，在很大程度上依赖于大前提和小前提的基本假设。只要稍微把假设做一定的修改，比如将大前提改成"鸟的羽毛是白色"，那么最后的结论就是"天鹅的羽毛是白色"。

二、理论研究中假设的重要性

假设如何建立，直接决定了理论研究中结论的正确与否。弗里德曼在《实证经济学的方法论》中以铅球和羽毛落地为例，阐述了理论构建的重要性。

假设1：铅球和羽毛同时放在"真空"中同一高度，然后自由落体运动。由于在真空中，铅球和羽毛只受到重力的影响，它们的重力加速度都是一样的，又处于同一位置，两者的初速度也相同，将推导出一个结论：铅球

_____

① 经验实证研究在过去多年中已经有大量的文献进行论述，用"汗牛充栋"来形容也不为过，所以本文就不再赘述，读者可自行搜索相关文献阅读。

和羽毛将同时落地。

假设 2：把铅球和羽毛同时放在"空气"中同一高度，然后自由落体运动。由于在空气中，铅球和羽毛除了受到重力的影响，还受到空气浮力的影响，而羽毛的浮力要大于铅球的浮力，它们的重力加速度变得不一样，虽然处于同一位置，在加速度不同的情况下，将推导一个结论：铅球将先于羽毛落地。

这两个假设形象地说明了经济学家在构建理论时，如果采取不同的假设，将得到完全不一样的结论，充分可见假设的重要性。谁能保证学者所做的假设一定正确呢？那么就需要从社会现实出发，通过大量的观察来找到合适的假设，再搜集证据，验证理论的正确性，或者叫证伪，证明理论不错。

三、假设的"好"与"坏"

假设的提炼，还存在"好"与"坏"的问题，好的假设提炼能够有效提升理论的重要性，对现实有较强的解释能力和指导意义，而平庸的假设提炼将严重损坏理论的重要性，使其丧失对社会现实的解释力和指导意义。

张五常（2015）在《经济解释》的第一章"科学的方法"提到了理论构建和假设的重要性，他认为大量的经济学研究和大量的理论推理都存在"套套逻辑"的现象，理论常常站不住脚，无任何实际指导意义，这都源于理论分析时所作的假设过于平庸，他用个人抽烟行为的研究作为例子：

研究一个人抽烟的行为。假设每个人都是自利的，每个人的行为都是为自己争取最大的利益。倘若下一个结论：说抽烟的行为，是因为"争取个人最大利益"。那么这个结论就是"套套逻辑"。

在这个假设下，任何行为都算在其内，以"争取个人最大利益"来"解释"抽烟，永远不可能错。因为这个基本假设的本身是一般地包括了人的所有行为。张五常提到，如果所有人的行为都是空泛地被解释，那么整个经济学就没有什么内容[1]。

抽烟行为研究的失败之处在于其假设过于空泛（理性人假设），那么是

---

① 除了此例子以外，张五常还举了另一个经济学家研究私营企业最低成本的问题，也相当精彩，建议读者进一步阅读张五常《经济解释》第一章"科学的方法"中"套套逻辑可以空洞无物"。

不是越具体越好呢？如果假设太具体，不具备普遍意义，那么其后推理形成的理论，又会陷入"特殊理论"的困境，就是这个理论只能解释非常单一的情境，无法有效指导社会经济生活。因此，经济学的理论构建很大程度上是一种艺术的体现，在于经济学家对社会现实的抽象程度，对假设的具体把握，即不能太特殊，也不能太空泛，两者都将导致理论的重大缺陷。

四、假设的局限性

大量理论很难放之四海而皆准，常常出现"橘生淮南则为橘，生于淮北则为枳"的现象，为什么呢？任何经济学理论，都是建立在一定的假设前提下，每个人会在一定状况之下所作的决策，但是随时间变化，这个状况和条件也在不断发生变化，当条件发生变化时，理论构建所蕴含的结论就不一定是对的，所以无法将特定条件下的个人选择作为放之四海的标准。

林毅夫在 2019 年接受一次采访时曾提到任何经济学理论构建都是"刻舟求剑"，他用刻舟求剑的例子形象地说明了理论的局限性。

假设船不动、水不动。剑掉下去的时候，个人可能有其他事情要做来不及去捡剑，就先刻个舟，等其他事情办完了再找剑，依然能找到剑，刻舟求剑的理论就是对的。假设船动了、水流了，那事后就无法再找到剑，刻舟求剑的理论就不对了。

所以，经济学理论对情境有很强的依赖性，具体的经济学理论都存在一定的局限性，经济理论对社会现实的解释，都是基于当下特殊情境的，理论的发展在本质上是一个不断演化的过程，随着时间和地点的变化，它需要不断地提炼、抽象和重构，以解释不断变化的社会现实。

五、如何提炼假设："构建"VS"真实性"

在经济学的理论研究中，关于假设的提炼，一直存在比较大的争议，主要有两种观点构成：

第一种观点是假设可以通过"构建"的形式主义方式建立。20 世纪 30 年代，罗宾斯发表《经济科学的性质与意义》，他强调了经济学分析的形式意义，而忽略现实中经济研究对象的性质和特点，此后新古典经济学几乎抛开了英国经验主义传统，沿袭了奥地利学派门格尔的分析性定义，使经济学逐渐发展成为一门以研究"稀缺—选择"为核心问题，涉及多种资源如何有效使用的科学（罗卫东和罗君丽，2015）。此后，弗里德曼在1952年发表的《实证经济学方法论》，进一步旗帜鲜明地坚持了这一观点，他认为经济学理论研究中，假设是否来源社会现实并不重要，可以通过构建的形式主义方法，使其能够有效地、易于处理地，解释社会经济现象，并预测未来经济发展。

第二种观点是认为假设应该体现社会现实的"真实性"。这以科斯为代表，他分别在1937年发表的《企业的性质》和1981年发表的《经济学家应该如何选择》中阐述观点，认为经济学的理论构建，假设不应该过度追求"易于处理"而牺牲假设的"真实性"，他认为应该通过大量的社会调查，去捕捉社会现实中的重要特点，在此基础上提炼为鲜明的理论假设，然后再进行逻辑推理，从而深刻而全面地解释现实，而不是陷入纯粹形式主义想象世界的智力游戏中。

对于这两种观点的争论，一直没有明确的结论，但是在应用经济学领域，尤其是中国经济学界，更多的经济研究问题都是基于如何有效解释中国快速转型过程中发生的独特经济现象，所以很多经济学家都践行着科斯的"真实性"理论假设提出方式（周其仁，2006）。

第五节　中国"三农"问题的理论构建

中国改革开放以来几十年的经济社会巨大变革，使中国从一个农业国逐渐转变为以工业和服务业为主导的经济体，在这个过程中随着农业经济地位的不断变化和农业劳动力从农村到城市的不断转移，为中国农业经济学的研究提供了丰富的社会实践，它们是经济学理论创作的生生不息的源泉，吸引了许多经济学家投身于对中国农业、农村和农民的"三农"问题研究，国内和国际学术界开展了大量基于中国"三农"现实问题的田野调查和学术研究。

在国内的农业经济学研究当中，理论构建具有代表性的是南京农业大学钟甫宁的研究范式，他在最近十年发表的学术论文中，第二部分基本都以"分析框架与研究假说"为题（钟甫宁等，2016）。他的逻辑常常是首先谈现实问题，再讨论已有文献对此问题的相关论述，结合社会现实和文献，提炼一个假设，然后再用演绎逻辑进行一定程度的推理，最后提出研究假说。虽然钟甫宁的理论分析不以现在流行的数学公式语言进行推导，但是其沿用古典经济学文字论述式的逻辑自洽的演绎推理方式，同样具有理论层面的重大解释力和生命力。这种表述方式也是获得诺贝尔经济学奖的科斯一直推崇的经济学表达范式（Coase，1988），他认为现实社会的多样性，难以通过用严格精致的数学公式进行全面的刻画和捕捉①，甚至数学的过度使用会阻碍人们对真实世界的认识。

中国"三农"问题的理论构建，最重要的还是理论假设的提炼，而理论假设的提炼，关键之处在于深刻捕捉和把握农业经济学最典型的、具有中国特色的农业、农村、农民社会现实特征。构建农业经济学理论，一定要在这些特征的基础上提炼"区别于其他经济学科"的具体假设，然后再进行理论推导分析，形成相应理论总结，才能有效解释中国社会转型中出现的具有中国特色的各种"三农"社会现实。这些特征主要源于本章第一节所提到的农业、农村和农民的基本特点和属性，同时还体现在时间纵向的变化方面，以及中国不同地区之间的差异，包括不同要素禀赋、不同自然环境、不同人文环境的地域性差异。

下面我们以农业领域的金融发展问题和中国农业机械化跨区服务为例来阐述农业经济学如何刻画农业独特假设。

一、中国农业金融发展

学界一直讨论中国农业领域金融发展问题，为什么中国农业领域的金融发展一直远远滞后于工业领域，一直发展不起来呢？农业和工业的金融需求存在很大的差异。工业生产过程中，一个工业品的所有零件可以依靠不同机器同一时间生产，一年四季都需要原料投入、机器投入和劳动力投入，这些投入都需要资金周转，因此工业企业几乎每时每刻都衍生出资金的需求。

---

① 在国内农业经济学的理论构建中，对于"假设"和"假说"的表达存在一定程度上的混淆。在经济学形式逻辑的研究范式中，假设更大程度是理论构建的"Assumption"，它是基于现实进行一定抽象，提炼而成的理论层面的基本约束条件。假说则更大程度是理论构建中的"Hypothesis"，它是基于理论的基本约束条件，经过一定的推理而形成的结论性的陈述。

第一，从需求侧进行分析，农业在不同的生产环节，它需要的资金是不一样的。很多农业生产环节，并不会产生大量的资金需求。以中国传统的小农户水稻生产为例，尚未实现农业机械化耕作时，农户家庭用牛耕地，几乎不需要资金；用镰刀收割，也几乎不需要资金；只在除草施肥的阶段需要使用现代化的要素投入（化肥和农药），才衍生了资金需求去购买化肥农药。

即使当前农业机械化快速发展的社会阶段，虽然农民在耕田、插秧、除草施肥、收割、脱粒都开始逐渐实现农业机械化操作，每个阶段都可能衍生对资金的需求，相对于传统农业而言，确实大大增加了农业金融的需求。但是这些需求还是存在季节性和周期性的约束，依然只有在固定的生产时节才需要资金。

俗话说："农业生产 3 个月工作，8 个月休息，还有 1 个月过年打麻将"，中国农业生产的季节性和周期性属性，导致了农业金融交易的频次太低，严重阻碍了农业金融业的发展。

第二，从供给侧进行分析，一个村庄或者一个乡镇之内，农民住得比较分散，金融机构要给农村居民提供金融服务，交通成本和沟通成本都比较高，尤其在交通不便的山岭地区，其交易成本要远远高于集中居住的城市居民，所以农村和农民的这种分散居住特点严重束缚了农业金融的发展。

因此，研究农业金融的发展问题，如果没有捕捉到农业生产的季节性和周期性特点，就无法准确提炼农业金融"交易频次低"的假设；没有捕捉到农村居住的分散性特点，就无法准确提炼农业金融"交易成本大"的假设。倘若没有建立这两个假设，就无法将农业金融和工业金融区分开来，也就无法构建有效的农业金融理论来解释为什么农业金融的发展一直起而不动，为什么农业金融一直远远滞后于工业金融发展。

二、中国农业机械跨区服务市场

20 世纪 90 年代中国户籍制度逐渐放松，大量农业劳动力从农村转移到城市从事非农就业工作，一度出现"民工潮"和"民工荒"现象，蔡昉（2008）和 Zhang 等（2011）认为中国"刘易斯转折点"出现在 2004 年前后，即在当时的农业技术背景下，中国农村剩余劳动力基本转移完成。此后，由于城市非农就业收入依然远高于农业生产收入，城市非农部门依然源源不断地吸纳青壮年农业劳动力，造成了农村只剩老人、妇女和小孩的局面。但是随着农业劳动力的不断减少，尤其是青壮年劳动力的不断减少，中国的粮食产出却在不断增加，一度出现"十三连增"的现象。Yang 等（2013）和 Zhang 等（2017）通过田野调查和研究分析发现主要是中国农业自发涌现的农业机械跨区服务现象，实现了农业生产的劳动分工，农业机械的社会化服务弥补了中国农业劳动力不断流失的困境，保障了中国粮食的持续增收。

张晓波和杨进继续探询了一个问题：为什么在亚洲其他国家和地区，比如日本、泰国、越南、韩国的农业领域并没有自发涌现农业机械的跨区服务模式呢？他们仔细比较了中国农业与其他国家和地区的差异，发现中国农业相对于日本等国家农业而言，中国的农村地域更加辽阔，不同地区的气候环境差异比较大，温差很大。就拿水稻而言，中国南方的水稻成熟了，但是中国北方的水稻还没有成熟，这样就造成了市场的分割。那么中国农民就可以自己购买一台 20 万元的收割机，按照中国不同地区的水稻成熟时间，按照不同地区水稻成熟时间梯度逐地收割，这样就能获取很大的市场份额，能够在很短的时间内回收收割机成本，并实现盈利，最终在中国农业生产领域诱导和催生了中国独特的农业机械跨区服务市场。而日本等国土面积比较小的国家，其环境差异不大，温差也不大的情况下，全国的水稻种植几乎在同一时间内成熟①，水稻成熟后需要在很短时间内将其收割。倘若日本农民购买一台 20 万的收割机，在日本水稻不存在成熟时间梯度的条件下，根本无法在很短的时间内收割足够多的水稻，将导致其成本无法回收，出现巨大的经济亏损。所以，日本农业领域无法自发产生农业机械跨区服务市场模式。

因此，研究中国农业机械化发展的问题，如果无法准确捕捉到中国农业的独特属性，那么将无法构建有效的农业经济学理论解释为什么中国农业能够自发产生农业机械跨区作业的具有中国特色的农业机械化发展道路。

以上两个例子充分体现：研究农业经济学的相关问题，构建中国"三农"问题的相关理论分析框架时，如果不仔细洞察具有中国特色的农业、农

---

① 水稻成熟后需要在很短的时间内收割，不然出现水稻倒伏和鸟雀啄食，将导致水稻严重减产。

村和农民基本现实特征，然后据此建立贴近中国"三农"现实的理论假设，仅仅套用其他经济学领域的一般性假设，必然将出现"风马牛不相及"的尴尬境地。

最后，再次强调中国农业经济学理论构建中关于假设提炼的两个问题：①需要深刻洞察中国"三农"领域的社会现实，构建比较具体的理论假设，防止出现张五常提出的理论假设过于空泛和"套套逻辑"的现象。②构建具有中国特色的农业经济学理论假设时，首先要立足于社会现实，但是也要高于社会现实，要有一定程度的理论抽象，不能同义反复，更不能用事实去解释事实，防止对现实的刻画过于具体，最终陷入"特殊理论"的境地，使其研究在学科之内与学科之间无法对话，无助于学术进步。

第二章　中国农业种植结构变化对生产效率的影响：基于专业化分工的视角

　　近年来我国粮食作物和经济作物播种面积占比不断变化，南方地区和北方地区的农作物种植结构呈现出专业化分工的趋势，这种农业种植结构变化是否会对生产效率产生显著影响？为了探究该问题，本文基于 2000—2018 年省级面板数据，运用随机前沿生产函数模型，评估中国过去 20 年农业种植结构变化对农业总产值和生产效率的影响。研究表明：过去 20 年中国种植结构发生了显著变化，南方的粮食作物占比在不断下降，经济作物占比在不断上升；而北方的粮食作物占比在不断上升，经济作物占比在不断下降，地区之间呈现出专业化分工的趋势性特征。实证分析发现，这种结构性专业化分工趋势对中国农业总产值产生了显著影响，不仅促进中国农业总产值的提高，还提高了中国农业生产效率水平，表明亚当·斯密关于专业化分工的理论正在中国农业生产领域发挥作用，专业化分工带来的农业种植结构变化正在快速推动中国农业生产效率的进步。

第一节　引　　言

　　20 世纪以来，随着工业化和城镇化进程推进的加速，在比较利益的驱使下，土地资源、农村劳动力等其他传统农业生产要素开始转移到非农部门，农业生产开始面临资源紧张的压力，农业生产的资源要素配置结构发生变化，粮食作物的播种面积占比也相应地进行了调整，2000—2016 年我国粮食作物播种面积占比由 69.4% 逐年减少到 67.8%，2017 年之后出现了短暂且急剧的增加，并超过 2000 年的水平。与此同时，我国农业总产值在不断增加，由 2000 年的 13 873.59 亿元增加到 2018 年的 61 452.60 亿元，提高了 3.43 倍，粮食作物也连年增产，由 2000 年的 46 217.50 万吨增加到 2018 年的 65 789.20 万吨，生产能力在不断提升。那么，农业种植结构变化在其中起到了什么作用？

现有研究中，对农业种植结构变化的研究主要聚焦在以下两个方面：一是对农业种植结构变化特征形成的研究，许多学者重点探讨了种植结构变化与农村劳动力转移二者之间的因果关系。如梁书民（2006）对农业种植结构变化的原因分析；陆文聪等（2008）对中国水稻、小麦和玉米生产的区域演进进行分析，并基于人地关系、非农就业与劳动报酬对其区域变化的成因进行研究；刘乃全和刘学华（2009）认为劳动力流动以及土地细碎化会对种植结构产生影响，另外，外出非农就业给农民带来的收入水平增加以及流动性约束缓解会增加经济作物的播种比例；扈映等（2013）对劳动力转移背景下的种植业结构调整进行研究；薛庆根等（2014）基于江苏省农户调查的微观数据进行研究，认为农户家庭劳动力转移以及家庭总收入的增长更容易使农户维持现有的种植结构；杨进等（2016）从宏观和微观两个层面研究农业劳动力价格和人口结构变化对粮食种植结构的影响效应；钟甫宁等（2016）认为农村劳动力外出务工会促使农户对种植结构进行调整，增加机械要素的投入以及粮食作物的播种面积。

二是种植结构变化产生的影响，这些研究主要集中在对农民收入的作用效果上，并得到了较为一致的结论，即当农户实施减少粮食作物播种比例的种植结构时，农民的收入水平将会提高。钟甫宁和叶春晖（2004）建立了生产结构调整模型，认为农业结构调整会使农民收入水平提高 5.6% ~ 7.55%；赵晓峰等（2012）使用农户家庭调查的微观数据进行分析，认为粮食作物种植的增加降低了家庭在其他高附加值产业中的获利机会从而降低了农民收入水平；霍丽娅（2006）对四川省转龙村种植业结构调整的研究、刘成等（2017）以湖北省为样本的研究均得到了一致的结论。但在为数不多的微观研究中，董晓霞（2008）对农户个体进行调研的结果显示种植业结构调整增加的仅是农户家庭种植业的收入，对家庭总收入并无明显作用，分析原因是其研究对象为经济发达的北京郊区的农户。

综合来看，现有的文献中鲜有关于农业种植结构变化对农业生产效率的影响的研究。基于此，本文基于 2000—2018 年全国 31 个省份的面板数据，构建随机前沿生产函数模型，进行总体回归以及南北方分样本回归，评估种植结构变化对农业生产效率的作用。

第二节　农作物种植面积及结构变化

表 2-1 反映了 2000—2018 年分地区各农作物播种面积的变化趋势。从全国范围来看，农作物总播种面积随时间整体呈上涨趋势。粮食作物的播种面积从 2000 年的 10 846.3 万公顷上涨到 2018 年的 11 703.8 万公顷，上涨幅度为 7.9%。同样的，经济作物的播种面积从 2000 年的 4 783.7 万公顷增长至 2018 年的 4 886.5 万公顷，增长幅度为 2.1%，在上述农作物中增长较慢。

表 2-1　2000—2018 年分地区各类农作物播种面积

单位：万公顷

年份	全国			南方			北方		
	农作物	粮食作物	经济作物	农作物	粮食作物	经济作物	农作物	粮食作物	经济作物
2000	15 630.0	10 846.3	4 783.7	8 129.3	5 311.2	2 818.1	7 500.7	5 535.0	1 965.6
2001	15 570.8	10 608.0	4 962.8	8 020.7	5 105.6	2 915.1	7 550.1	5 502.4	2 047.7
2002	15 463.6	10 389.1	5 074.5	7 931.7	4 980.4	2 951.3	7 531.9	5 408.8	2 123.2
2003	15 241.5	9 941.0	5 300.5	7 788.9	4 791.8	2 997.1	7 452.6	5 149.2	2 303.4
2004	15 355.3	10 160.6	5 194.7	7 843.8	4 913.6	2 930.2	7 511.4	5 247.0	2 264.4
2005	15 548.8	10 427.8	5 120.9	7 914.5	4 992.3	2 922.2	7 634.8	5 435.5	2 198.7
2006	15 702.1	10 548.9	5 153.1	7 972.1	5 013.9	2 958.2	7 730.0	5 535.0	2 195.0
2007	15 346.4	10 563.9	4 782.6	7 459.6	4 782.2	2 677.5	7 886.8	5 781.7	2 105.1
2008	15 626.6	10 679.3	4 947.3	7 623.8	4 828.5	2 795.4	8 002.7	5 850.8	2 152.0
2009	15 863.9	10 898.6	4 965.4	7 795.3	4 904.8	2 890.5	8 068.6	5 993.8	2 074.9
2010	16 067.5	10 987.6	5 079.9	7 916.1	4 926.3	2 989.8	8 151.4	6 061.3	2 090.1
2011	16 228.3	11 057.2	5 171.0	8 004.9	4 954.6	3 050.3	8 223.4	6 102.7	2 120.7
2012	16 341.6	11 120.5	5 221.1	8 076.1	4 976.3	3 099.8	8 265.6	6 144.1	2 121.4
2013	16 462.7	11 195.6	5 267.1	8 158.8	5 001.9	3 156.9	8 303.9	6 193.7	2 110.3
2014	16 544.6	11 272.3	5 272.4	8 171.3	5 017.9	3 153.4	8 373.3	6 254.4	2 119.0

（续）

年份	全国			南方			北方		
	农作物	粮食作物	经济作物	农作物	粮食作物	经济作物	农作物	粮食作物	经济作物
2015	16 637.4	11 334.3	5 303.1	8 191.7	5 021.6	3 170.1	8 445.7	6 312.6	2 133.0
2016	16 664.9	11 303.5	5 361.5	8 181.2	5 003.8	3 177.5	8 483.7	6 299.7	2 184.0
2017	16 633.2	11 798.9	4 834.3	7 854.1	4 944.6	2 909.4	8 779.1	6 854.3	1 924.8
2018	16 590.3	11 703.8	4 886.5	7 831.6	4 867.0	2 964.7	8 758.6	6 836.9	1 921.8

注：南方地区指上海、江苏、浙江、福建、广东、海南、安徽、江西、湖北、湖南、四川、重庆、贵州、云南、西藏、广西；北方地区指北京、天津、河北、山东、辽宁、吉林、黑龙江、山西、河南、陕西、甘肃、青海、宁夏、新疆、内蒙古。

数据来源：历年《中国统计年鉴》。

分地区来看，南方地区农作物总播种面积整体表现出下降趋势，从2000年8 129.3万公顷减少至2018年为7 831.6万公顷，下降幅度为3.7%，而北方地区农作物总播种面积表现出增长趋势，从2000年7 500.7万公顷增长到2018年8 758.6万公顷，上涨幅度16.8%，并且在2007年以后农作物总播种面积超过南方地区。南方地区粮食作物播种面积整体上也表现出减少趋势，从2000年5 311.2万公顷减少至2018年4 867.0万公顷，下降幅度为8.4%，而北方地区粮食作物播种面积从2000年5 535.0万公顷增长至2018年6 836.9万公顷，增长幅度为23.5%，增长较快。南方地区经济作物播种面积由2000年2 818.1万公顷增加至2018年2 964.7万公顷，增长幅度为5.2%，而北方地区经济作物播种面积却有所下降，由2000年1 965.6万公顷减少至2018年1 921.8万公顷，下降幅度为2.2%。

由此可见，南方地区粮食作物播种面积随时间表现出减少趋势，经济作物播种面积随时间表现出增加趋势，而北方地区粮食作物播种面积随时间表现出增加趋势，经济作物播种面积随时间表现出减少趋势，南北方地区之间在粮食作物和经济作物的种植上逐渐表现出专业化分工的经济特征。

表2-2反映了2000—2018年分地区各类农作物播种面积在农作物总播种面积中的比例变化。从全国范围来看，粮食作物播种面积占比在2000—2003年在不断减少，2004年以后开始呈现增加的趋势，但2016年以前我国

粮食作物播种面积占比为 67.8% 仍均低于 2000 年 69.4%，但该占比在 2017 年大幅增加，2018 年时回到正常水平为 70.5%。我国经济作物播种面积占比在 2000—2016 年随时间呈现增长趋势，从 2000 年占农作物总播种面积的 30.6% 增长至 2016 年 32.2%，但 2017 年后该占比有所下降，2018 年该比例为 29.5%。

表 2-2　2000—2018 年分地区各类农作物播种面积比例

年份	全国		南方		北方	
	粮食作物	经济作物	粮食作物	经济作物	粮食作物	经济作物
2000	0.694	0.306	0.653	0.347	0.738	0.262
2001	0.681	0.319	0.637	0.363	0.729	0.271
2002	0.672	0.328	0.628	0.372	0.718	0.282
2003	0.652	0.348	0.615	0.385	0.691	0.309
2004	0.662	0.338	0.626	0.374	0.699	0.301
2005	0.671	0.329	0.631	0.369	0.712	0.288
2006	0.672	0.328	0.629	0.371	0.716	0.284
2007	0.688	0.312	0.641	0.359	0.733	0.267
2008	0.683	0.317	0.633	0.367	0.731	0.269
2009	0.687	0.313	0.629	0.371	0.743	0.257
2010	0.684	0.316	0.622	0.378	0.744	0.256
2011	0.681	0.319	0.619	0.381	0.742	0.258
2012	0.681	0.319	0.616	0.384	0.743	0.257
2013	0.680	0.320	0.613	0.387	0.746	0.254
2014	0.681	0.319	0.614	0.386	0.747	0.253
2015	0.681	0.319	0.613	0.387	0.747	0.253
2016	0.678	0.322	0.612	0.388	0.743	0.257
2017	0.745	0.291	0.701	0.370	0.781	0.219
2018	0.705	0.295	0.621	0.379	0.781	0.219

数据来源：历年《中国统计年鉴》。

　　分地区来看，南方地区粮食作物播种面积比例整体呈波动下降趋势，从 2000 年占农作物总播种面积的 65.3% 下降到 2018 年的 62.1%，而北方地区粮食作物播种面积比例整体高于南方地区，并呈现波动增长趋势，从

2000 年占北方农作物总播种面积的 73.8％上涨到 2018 年的 78.1％，表现为粮食作物的种植重心逐渐向北方集聚。南方地区经济作物播种面积比例随时间表现出明显的上涨趋势，从 2000 年占南方农作物总播种面积的 34.7％增长到 2018 年 37.9％，增长幅度为 9.2％，而与此同时北方地区经济作物播种面积比例表现出大幅下降趋势，从 2000 年占北方农作物总播种面积的 26.2％下降至 2018 年 21.9％，下降幅度为 16.4％。

基于上述分析发现，中国种植业结构发生显著变化，南方地区粮食作物播种面积比例不断下降，经济作物播种面积占比随时间呈现上升趋势，而北方地区粮食作物播种面积占比不断上升，经济作物播种面积占比随时间呈现下降趋势，再次表明南北方地区之间在粮食作物和经济作物的种植上表现出专业化分工的趋势。

第三节　理论分析和实证策略

一、理论分析

亚当·斯密（Adam Smith）在 1776 年发表的《国民财富的性质和原因的研究》中提到，劳动分工以及专业化协作能够提高生产效率，带来收益递增，进而增加国民财富。斯密详细论述了两种专业化分工所带来的生产效率的提升：一是企业内部的分工，斯密以车间内制针为例分析了收益递增的过程，每个工人只专门负责一种操作的生产效率要比每个工人独立生产一颗图钉的效率高几百倍；二是企业之间的分工，正如亚麻衬衫的生产，亚麻的生产到麻布的漂白及烫平被分配在不同的车间中，极大地提高了亚麻衬衫的生产效率。另外，劳动分工提高生产效率的三个来源分别为：一是提高劳动者的熟练程度，二是节约劳动者转换工作所需的时间，三是发明劳动机械，促进技术创新。劳动分工带来的专业化不仅带来报酬递增，同时也推动了市场交易范围的扩大，并在此过程中不断规范和完善市场制度。

亚当·斯密（1776）和阿尔弗雷德·马歇尔（1920）认为专业化分工受限于市场规模，因此这种专业化分工大多集中在制造业。梁琦（2004）通过对中国区域制造业分工指数进行计算发现 1997—2001 年中国各大区域间制造业专业化分工程度在不断加强，并且经济发展速度与专业化分工程度呈正向变化。李廉水和周彩红（2007）认为长三角地区的制造业已经形成专业化分工的趋势并且随着区域经济一体化进程的加快，专业化分工的趋势会逐渐加强。另外，专业化分工产生的规模报酬递增在一定程度上刺激了产业集群的成长，产业集聚反过来又促进了专业化分工的深化（汪斌，董赟，2005；惠宁，2006）。吴三忙和李善同（2010）对中国两位码制造业数据进行实证研究，结果显示改革开放以来中国制造业集聚程度明显提高，并且制造业集聚过程中地区专业化分工水平也显著提高；陈建军和夏富军（2006）把中国31个省份制造业产业集聚、垂直分工和专业化生产作为研究对象，认为三者之间具有正相关关系，即产业的垂直分工水平与专业化生产水平会随产业集聚的发展而不断深化。

在过去的几十年中国工业化发展过程中，随着农业劳动力不断转移到城市从事非农就业工作，农业劳动力价格的不断上升诱导了农业机械化水平的不断提高以及农业技术的快速进步，专业化分工现象逐渐在农业生产领域显现（Yang et al.，2013；Zhang et al.，2017）。横向劳动分工使农业经济中出现了专业农户，纵向劳动分工使一部分农户和经济组织分化出来，专门从事农业生产中的一个环节，形成了生产服务的社会化（严瑞珍，1997）。王留鑫和何炼成（2017）认为学者们对农业专业化分工作用的研究主要聚焦在以下四个方面：一是有利于发挥比较优势（王云峰，2011）；二是有利于提高农业生产利益，并增加农民收益（袁军宝，陶迎春，2008；杨丹，2011）；三是有利于合理配置劳动力资源（向国成、韩绍凤，2005）；四是促进农业产业集聚（王栋，2007；黄海平等，2010）。

近20年来，中国农业种植结构不断调整，表现在南方地区粮食作物播种面积占比不断下降，经济作物播种面积占比不断上升；而北方地区粮食作物播种面积占比不断上升，经济作物播种面积占比不断下降。刘彦随等（2018）的研究显示，棉花的主要产区开始由黄淮海平原、江汉平原向新疆转移；油料作物生产重心呈现向南、向东移动的趋势，并逐步向两个带状区域集中：四川盆地—长江中下游平原—黄淮平原、北疆—蒙西—东北西部。

由此可以发现，中国农业种植结构在地区之间开始出现专业化分工的趋势性特征，这种结构性的专业化分工对中国农业生产效率会产生何种影响？

基于上述理论分析，专业化分工将有效提升生产效率，本文提出以下研究假说：

假说1：中国农业种植结构变化对农业总产值具有显著的促进作用，即中国农业种植结构变化有助于农业总产值的增加。

假说2：中国农业种植结构变化对生产效率具有显著的促进作用，即中国农业种植结构变化有助于生产效率的提升。

二、计量模型设定

研究种植结构等因素对农业总产值的影响，构建如下计量回归方程：

$$Y_{it} = \partial_0 + \partial_1 FS_{it} + \partial_2 X_{it} + \varepsilon_{it} \qquad (2-1)$$

其中，Y_{it} 为因变量，表示第 t 年省份 i 的农业总产值，FS_{it} 为主要解释变量，为第 t 年省份 i 的种植结构，X_{it} 表示一系列的控制变量。为了控制某些随时间和地区变化的不可观察的影响因素造成的内生性问题，将所有回归方程中添加省份和时间的虚拟变量。

研究种植结构变化对农业生产效率的影响，使用随机前沿生产模型进行分析，首先构建如下模型：

随机前沿生产模型的标准面板数据可以表示为：

$$Y_{it} = f(X_{it}; \beta) \exp(v_{it} - u_{it}) \qquad (2-2)$$

文章使用一步法进行估计，对方程（2-2）取对数得：

$$\ln Y_{it} = \beta_0 + \sum_j \beta_j X_{itj} + v_{it} - u_{it} \qquad (2-3)$$

其中，Y_{it} 是第 t 年省份 i 的农业总产值，X_{it} 是省份 i 为了达到数量为 Y 的农业总产值所投入的生产要素，β 为待估计的参数，v 是误差项，服从正态分布，$v_{it} \sim N(0, \sigma_v^2)$，$u$ 是衡量技术无效率项的非负随机变量，服从截断正态分布，$u_{it} \sim N(u, \sigma_u^2)$，$v_{it}$ 和 u_{it} 相互独立。

三、数据来源和指标选取

本文使用2000—2018年全国31个省份的面板数据进行分析，农业总产值表示产出水平，主要解释变量为种植结构，指各省经济作物播种面积占农作物总播种面积的比例；另外选择总播种面积、第一产业劳动力、化肥投入量、农业机械总动力、老年人口占比、女性人口占比、人均受教育年限等变量进行分析。其中，老年人口占比指各省市 65 岁及以上老年人口占总人口数量的比值。本文选择使用教育存量法中对学历进行加权平均的方法来衡量人力资本水平，即计算出各地区的人均受教育年限，具体公式如下：

$$人均受教育年限＝［0×未上过学的人口＋6×小学文化程度人口＋$$
$$9×初中文化程度人口＋12×普通高中（中职）文化程度人口＋16×$$
$$大专及以上文化程度人口］/6 岁及以上总人口\qquad (2-4)$$

为了减少回归过程中的异方差的影响以及使回归系数直接反映弹性，本文将所有实变量使用对数形式表示。主要变量的描述性统计见表 2-3。

表 2-3　主要变量的描述性统计

变量	单位	观测量	平均值	标准差	最小值	最大值
ln_农业总产值	亿元	589	6.492	1.199	3.215	8.512
ln_总播种面积	千公顷	589	8.108	1.155	4.642	9.601
ln_第一产业劳动力	万人	589	6.440	1.123	3.613	8.179
ln_化肥投入	万吨	589	4.641	1.207	0.916	6.574
ln_农业机械总动力	万千瓦	589	7.409	1.095	4.543	9.499
种植结构	/	589	0.345	0.124	0.031	0.672
老年人口占比	/	589	0.091	0.022	0.043	0.164
女性人口占比	/	589	0.489	0.009	0.454	0.520
ln_人均受教育年限	年	589	2.114	0.169	1.099	2.530

数据来源：2000—2018 年《中国统计年鉴》《新中国六十年统计资料汇编》《中国农村统计年鉴》。

另外，在随机前沿模型估计中，产出变量选择农业总产值；投入变量使用种植结构、总播种面积、第一产业劳动力、化肥投入量、农业机械总动力来表示；技术无效率项选择种植结构、老年人口占比、女性人口占比、人均受教育年限。

第四节　农业总产值实证分析

表 2-4 反映了农业总产值的回归结果。N1 是全国整体回归结果。主要解释变量种植结构的系数为 1.130，且通过了 1% 水平下的显著性检验，意

味着随着经济作物播种面积比例的增加，我国农业总产值有显著增长趋势，并且经济作物播种面积占农作物总播种面积的比例每增加 1 单位，农业总产值增加 113%。控制变量的回归结果显示，总播种面积、化肥投入、老年人口占比以及女性人口占比对农业总产值具有显著的正向影响；第一产业劳动力对农业总产值具有显著的负向影响，农业机械总动力及人均受教育年限对农业总产值不具有显著的影响。

表 2 - 4　农业总产值的回归结果

变量	N1 全国	N2 南方	N3 北方
种植结构	1.130***	1.225***	0.940***
	(0.158)	(0.260)	(0.190)
ln_总播种面积	0.725***	0.843***	0.564***
	(0.095)	(0.185)	(0.099)
ln_第一产业劳动力	−0.126**	−0.134	−0.056
	(0.058)	(0.087)	(0.104)
ln_化肥投入	0.224***	0.260**	0.047
	(0.070)	(0.129)	(0.080)
ln_农业机械总动力	−0.034	−0.107*	0.206**
	(0.044)	(0.065)	(0.085)
老年人口占比	2.025***	2.848***	−1.118
	(0.669)	(0.823)	(1.015)
女性人口占比	1.875**	3.124***	0.440
	(0.791)	(1.125)	(1.036)
ln_人均受教育年限	−0.206	−0.542*	0.949***
	(0.277)	(0.287)	(0.294)
常数	−0.423	−0.956	−2.039**
	(0.841)	(1.316)	(0.995)
时间固定效应	已控制	已控制	已控制
省份固定效应	已控制	已控制	已控制
N	589	304	285
r2_a	0.992	0.993	0.993

注：***、**、*分别表示变量通过 1%、5%以及 10%显著水平的检验，括号中的数值为标准误。

N2 为南方地区的回归结果。此时种植结构的系数为 1.225，且在 1% 的统计水平上高度显著，意味随着南方地区经济作物播种面积占农作物总播种面积比例的增加，南方地区农业总产值会显著增加，具体表现为，南方地区经济作物播种面积比例每增加 1 单位，南方地区农业总产值增加 122.5%。控制变量的回归结果显示，总播种面积、化肥投入、老年人口占比及女性人口占比对南方地区农业总产值具有显著的正向影响，农业机械总动力及人均受教育年限对南方地区农业总产值系数为负，并通过了 10% 水平下的显著性检验，另外，第一产业劳动力对南方地区农业总产值不具有显著影响。

N3 为北方地区的回归结果。此时种植结构的系数为 0.940，且在 1% 的统计水平上高度显著，意味随着北方地区经济作物播种面积占农作物总播种面积比例的增加，北方地区农业总产值会显著增加，具体表现为，北方地区经济作物播种面积比例每增加 1 单位，北方地区农业总产值增加 94%。控制变量的回归结果显示，总播种面积、农业机械总动力及人均受教育年限对北方地区农业总产值具有显著的正向影响，第一产业劳动力、化肥投入、老年人口占比及女性人口占比对北方地区农业总产值不具有显著影响。

从以上 3 个模型的回归结果综合来看，种植结构变化有利于提高各地区的农业总产值，即经济作物播种面积占农作物总播种面积比例的增加能够显著促进各地区农业总产值的提高，尤其是南方地区。对此现象的经济学解释是面对有限的资源时，理性的经济人趋于利益最大化的原则，倾向于生产更多的相对收益更高的产品。粮食作物属于低产值、低收益的农作物，而相比之下，经济作物的产值高，经济附加值高并且需求弹性较大。所以，随着我国耕地资源质量和数量的下降以及农业劳动力的减少，理性的农业生产者会将有限的土地、劳动力等资源转移到经济作物的种植中，从而提高农业总产值。

第五节　农业生产效率实证分析

表 2-5 反映了农业生产效率的回归结果。N1 是全国整体回归结果。种植结构作为投入变量进行模型回归时，其系数为 1.012，并在 1% 的统计水平上显著，表明随着经济作物播种面积占全国农作物总播种面积比例的增

加，我国农业总产值显著增加，与上节回归结果保持一致。总播种面积对数变量的估计系数为正，并在 1% 水平下通过显著性检验，表明土地的产出弹性为正；第一产业劳动力对数变量的回归系数为 -0.144，且通过 1% 水平下的显著性检验，表明第一产业劳动力每增加 1%，农业总产值将减少 0.144%；化肥投入对数变量的估计系数为 0.293，通过了 1% 水平下显著性检验，表明化肥投入的增加能够提升农业总产出，化肥投入增加 1%，农业总产值将增加 0.293%，与我国化肥驱动农业生产增长的模式相吻合；农业机械总动力对数变量的系数为 0.089，并通过了 1% 水平下的显著性检验，表明农业机械的增加能够促进农业总产值的增加，即农业机械总动力每增加 1%，我国农业总产值增加 0.089%。

种植结构作为无效率变量进行模型回归时，其系数为 -10.860，并在 1% 的统计水平上显著，表明提高经济作物播种面积占农作物总播种面积的比例将有助于提升农业生产效率；老年人口占比的估计系数为负，且通过了 10% 水平下的显著性检验，说明老年人口占比的增加将有助于提高农业生产效率。与年轻人的劳动生产力相比较，老年人的农业生产力相对较低，因此老年人口占比较多的农户可能倾向于通过增加农业机械以及增加劳动投入来提高农业的生产效率。这与彭超和张琛（2020）的研究结果一致。女性人口占比的回归结果并不显著，在一定程度上验证了杨进等（2016）的结论，即男性劳动力从农业活动中移出并不会对农业的生产效率产生显著的负面影响。人均受教育年限的估计系数为负，并且在 1% 的水平上显著，表明人力资本水平的提高将有助于农业生产效率的提高。

表 2-5　农业生产效率的回归结果

变量		N1 全国	N2 南方	N3 北方
	种植结构	1.012***	1.399***	1.002***
		(0.113)	(0.166)	(0.169)
投入变量	ln_总播种面积	0.588***	0.718***	0.678***
		(0.061)	(0.095)	(0.079)
	ln_第一产业劳动力	-0.144***	-0.232***	-0.231***
		(0.050)	(0.065)	(0.081)

（续）

变量		N1 全国	N2 南方	N3 北方
投入变量	ln_化肥投入	0.293***	0.362***	0.044
		(0.052)	(0.079)	(0.069)
	ln_农业机械总动力	0.089***	0.066	0.191***
		(0.030)	(0.043)	(0.052)
	常数	−0.073	−0.423	−0.231
		(0.319)	(0.581)	(0.375)
	时间固定效应	已控制	已控制	已控制
	省份固定效应	已控制	已控制	已控制
无效率变量	种植结构	−10.860***	6.379	−17.480***
		(1.953)	(4.668)	(3.834)
	老年人口占比	−18.400*	−49.560**	11.430
		(9.661)	(23.070)	(16.800)
	女性人口占比	−29.740	−31.960	1.697
		(21.120)	(28.850)	(35.050)
	ln_人均受教育年限	−5.699***	−8.987***	−7.419**
		(1.137)	(2.399)	(3.185)
	常数	26.150**	29.770*	13.180
		(11.440)	(16.150)	(18.070)
	N	589	304	285
	Wald Chi2	92 410.450	45 004.880	68 938.000

注：***、**、*分别表示变量通过1%、5%以及10%显著水平的检验，括号中的数值为标准误。

N2是南方地区随机前沿模型的估计结果。种植结构作为投入变量进行模型回归时，其系数为1.399，并在1%的统计水平上显著，表明随着经济作物播种面积占南方地区农作物总播种面积比例的增加，南方地区农业总产值显著增加。总播种面积对数变量的估计系数为0.718，并在1%水平下通过显著性检验，表明南方土地的产出弹性为正；第一产业劳动力对数变量的回归系数为−0.232，且通过1%水平下的显著性检验，表明第一产业劳动力每增加1%，南方地区农业总产值将减少0.232%；化肥投入对数变量的估计系数为0.362，通过了1%水平下显著性检验，表明化肥投入的增加能够增加南方地区农业总产出，化肥投入增加 1%，南方地区农业总产值将增加 0.362%；农业机械总动力对南方地区农业总产值不具有显著作用。

种植结构作为无效率变量进行模型回归时，其系数为 6.379，但并未通过显著性检验，表明经济作物播种面积占农作物总播种面积的比例的变化对南方地区农业生产效率不具有显著影响；老年人口占比的估计系数为负，且通过了 5%水平下的显著性检验，说明老年人口占比的增加将有助于提高农业生产效率。女性人口占比的回归结果仍不显著。人均受教育年限的估计系数为负，并且在 1%的水平上显著，表明人力资本水平的提高将有助于南方地区农业生产效率的提高。

N3 是北方地区随机前沿模型的估计结果。种植结构作为投入变量进行模型回归时，其系数为 1.002，并在 1%的统计水平上显著，表明随着经济作物播种面积占北方地区农作物总播种面积比例的增加，北方地区农业总产值显著增加。总播种面积对数变量的估计系数为 0.678，并在 1%水平下通过显著性检验，表明北方地区土地的产出弹性为正；第一产业劳动力对数变量的回归系数为 -0.231，且通过 1%水平下的显著性检验，表明第一产业劳动力每增加 1%，北方地区农业总产值将减少 0.231%；化肥投入此时无法显著影响北方地区农业总产值；农业机械总动力对数变量的系数为 0.191，并通过了 1%水平下的显著性检验，表明农业机械的增加能够促进北方地区农业总产值的增加，即农业机械总动力每增加 1%，北方地区农业总产值增加 0.191%。

种植结构作为无效率变量进行模型回归时，其系数为 -17.480，并在 1%的统计水平上显著，表明提高经济作物播种面积占北方地区农作物总播种面积的比例将有助于提升北方地区农业生产效率；老年人口占比、女性人口占比的回归结果并不显著。人均受教育年限的估计系数为负，并且在 5%的水平上显著，表明人力资本水平的提高将有助于北方地区农业生产效率的提高。

从以上 3 个模型的回归结果综合来看，种植结构变化在提高农业总产值的同时促进了农业生产效率的提升，尤其是北方地区，即经济作物播种面积占农作物播种面积比例的增加将有助提高农业生产效率。范成方和史建民（2013）的研究表明油料、蔬菜、苹果的土地成本、化肥成本、种子投入成本、劳动力投入成本的单位收益均高于粮食作物的单位收益，表明三种作物在土地、化肥、种子和劳动力投入上的产出效率要高于粮食作物。另外，从优化资源配置论来说，由于需求收入弹性以及附加值等的综合影响，理性的农业生产者会将有限的耕地、劳动力资源以及资金投入等转向比较收益较高的农作物生产中，由于粮食作物生产的比较收益较低，农业生产者将在生产过程中更加倾向于提高经济作物的种植比例，从而提高农业生产者的收益（韩玉萍，2015）。因此，经济作物播种面积占比的增加在一定程度上有利于资源配置的优化，从而提高生产效率。

中国农业种植结构变化对农业总产值增加和生产效率提升的促进作用可由亚当·斯密的专业化分工理论进一步解释。我国农业生产逐渐演化出的结构性专业分工的趋势反映了亚当·斯密论述的第一种分工，我国经济作物的生产重心向南方偏移而粮食作物的生产重心向北方偏移，表现为南方的粮食作物占比在不断下降，经济作物占比在不断上升；而北方的粮食作物占比在不断上升，经济作物占比在不断下降。这种结构性的分工所带来的专业化促进了技术进步，使规模报酬递增，进一步提高了农业生产效率。

第六节　结　论

本文基于2000—2018年省级面板数据，通过构建随机前沿生产函数模型，实证分析了种植结构变化对农业总产值以及农业生产技术效率的影响。研究结果表明：

第一，过去20年中国种植结构发生显著变化，地区之间表现出明显的专业化分工的趋势性特征。即南方的粮食作物占比在不断下降，经济作物占比在不断上升；而北方的粮食作物占比在不断上升，经济作物占比在不断下降。

第二，中国农业种植结构变化有利于农业总产值的增加，即结构性的专业化分工趋势性促进了中国农业总产值的增加。分地区来看，种植结构变化对南北方地区的农业总产值均产生了显著的正向影响，南方地区表现更加突出。

第三，中国农业种植结构变化有利于生产效率的提升，即结构性的专业化分工趋势性促进了农业生产效率的提升。分地区来看，种植结构变化能够显著提高北方地区的农业生产效率。

第四，中国农业种植结构的变化带来的农业总产值以及生产效率的提升可以由亚当·斯密的专业化分工理论进行解释，中国农业生产通过结构性的专业化分工，促进技术进步，带来递增的规模报酬，不断提高生产效率。

第三章　非农就业和粮食生产的变化：基于中国的新论据

关于非农就业对粮食生产的影响，学术界尚未形成一致的结论。对此，本文提出了一个解释非农业就业对粮食生产影响的一般理论框架，认为非农业就业对粮食生产的影响是非线性的。本文利用固定观察点微观农户数据实证分析发现：非农就业对中国粮食作物种植面积和经济作物种植面积都存在显著的负向影响，但是对种植结构的影响并不显著。进一步，本文发现非农就业对粮食生产呈现出倒 U 形的影响特征，即当农户家庭非农就业比例相对较低时，非农就业会显著促进粮食的生产；而当农户家庭非农就业相对较高时，非农就业会显著抑制粮食的生产。此外，本文也从农户家庭的土地规模、土地特征、家庭的区位分布和老龄化等多个层面进行了异质性研究。

第一节　引　　言

现有文献关于非农就业对于粮食生产和农业生产的影响并未产生一致结论。有文献表明，农户偏好于通过非农就业来增加收入，因而农户预算约束放松且农业生产的非劳动投入增加，从而非农就业增加了粮食产量（Chiodi，Jaimovich，Montesrojas，2012；Lu，2016；Wang，Wang，Pan，2011；Zhong，Lu，Xu，2016）。Nguyen，Grote 和 Nguyen（2019）发现从在外农民工那里收到汇款的越南农村家庭提高了他们农业劳动生产率的增长速度以及农作物的多样性。Edward 和 Lopez‐Feldman（2010）对墨西哥进行了研究并发现，移居者从墨西哥到美国的外出务工增加了移居者所属家庭的土地生产率。

　　然而，非农就业也降低了农业生产中的劳动投入。也有文献表示，非农就业并没有显著增加或降低粮食生产，因为尽管汇款提高了家庭预算约束，允许家庭提高其农业生产率，但非农就业直接减少了农业生产中的劳动力投入（Rozelle，Taylor，De Brauw，1999）。De Brauw（2010）对越南的研究发现，外出工作降低了水稻产量，而外出工作者的家庭则增加了其他作物的产量。非农就业市场的发展在欧洲也是一个被广泛讨论的话题。McCarthy，Carletto，Kilic，Davis（2009）指出跨国外出务工并没有促进阿尔巴尼亚家庭的农业生产。而对于我国而言，Feng，Heerink，Ruben，Qu（2010）发现非农就业并未显著影响江西省东北部的水稻产量。Zhong 等人（2016）在文献中记录了这些不同的发现，却并未对此做出合理的解释。

　　理论上，非农就业对粮食（或经济作物）生产有两方面的影响。其中，积极的影响在于，非农就业增加了家庭收入，放宽了家庭在农业生产上的预算约束，继而使得家庭增大了农业生产中的非劳动力投入，增加了粮食（或经济作物）的生产。负面的影响则在于，非农就业促使家庭将相对更多的劳动力投入到非农工作中以至减少了粮食（或经济作物）生产上的劳动力投入，从而导致粮食（或经济作物）生产下降。与粮食生产相比，非农就业对于经济作物产生的负边际效应似乎更强，且经济作物更依赖于劳动力的投入（Zhong et al，2016）。非农就业对粮食（或经济作物）生产的净效应取决于增加非劳动力投入对粮食生产的边际效应和减少劳动力投入对于粮食生产的边际效应的大小。非农就业对粮食生产影响的内部机制和其对经济作物影响的内部机制相对类似。

　　自中国改革开放和全球化以来，中国农村为中国的经济发展提供了大量劳动力，其中中青年劳动力是农民工的主要群体（Cai 和 Wang，2010；Du，2006；Zhang，Yang，Wang，2011）。中国统计局发布的关于农民工的年度报告表明，2009—2015 年，农民工人数持续增加，截至 2015 年，每年有 2.7 亿农民从事非农工作超过 6 个月。由于中国城市化的快速发展和中国人口的老龄化，从 2009 年到 2015 年，中国农村人口减少了 8600 万，其中劳动力人口减少了 7900 万。从 2009 年到 2015 年，中国农村非农就业人口占农村总人口的比例从 33％上升到 46％，非农就业人口占农村劳动力的比例从 48％上升到 70％。这意味着几乎一半的农村人口都在从事非农工作，而只有 30%的农村劳动力从事农业生产。农村劳动力在农业生产和非农工作之间的分配结构已经发生了显著的变化。

由于中国的土地产权制度，农民只有经营权，没有产权（Zhonghao，2003）。这种制度阻碍了土地租赁交易的发展。因此，中国农村的农业生产仍然主要以家庭为单位，严重依赖于劳动力投入（Kung，2002；Lin，1992；Ma 和 Cui，2002）。如前所述，农业生产和非农工作之间的劳动力分配结构已经发生了显著变化。因此，本文致力于研究，在新的劳动力分配结构下非农就业对粮食生产和粮食作物结构的影响。

基于上述理论分析，本文重点研究粮食生产。首先，本文考虑两种情况：其一，如果粮食生产中的非劳动投入相对大于劳动投入，假设非劳动对粮食生产的边际效应大于劳动投入对粮食生产的边际效应，那么，尽管非农就业减少了粮食生产中的劳动力投入，但非农就业可通过增加粮食生产中的非劳动力投入来增加粮食产量。其二，同样假设粮食生产的非劳动投入相对丰富，而粮食生产的劳动投入相对贫乏，但非劳动投入对粮食生产的边际效应小于劳动投入对粮食生产的边际效应。因此，尽管非农就业增加了粮食生产中的非劳动力投入，但非农就业通过减少粮食生产中的劳动力投入而降低了粮食生产。综上所述，非农就业对粮食生产的边际效应可能随着农业生产和非农就业之间劳动力分配结构的变化而变化，因此，非农就业对粮食生产的净效应可能是非线性的。

由于非农就业对粮食生产影响的内部机制与其对经济作物影响的内部机制极为类似，本文认为非农就业对经济作物的净影响也可能是非线性的。粮食种植面积与总种植面积的比例（粮食种植面积和经济作物种植面积之和）代表了粮食种植结构。因此，非农就业对粮食种植结构的影响取决于非农就业对粮食生产和经济作物的影响。

本文使用 2009—2014 年的中国农村家庭调查（CRHS）数据，对非农就业与粮食生产和粮食作物结构的因果关系进行了研究。由于非农就业和粮食生产活动都是在家庭内部决定，产生了潜在的内生性，对此本文采用工具变量法进行了回归分析。实证中，本文将农户从事非农工作的平均可能性与农户非农就业的平均工资构成的交互项作为非农就业的工具变量。实证结果表明，非农业就业减少了粮食产量，但由于非农就业同样减少了经济作物的产量，非农就业对粮食作物的种植结构没有显著的影响。重点在于，本文发现非农就业与粮食生产之间存在倒 U 形关系，即当非农劳动力供给相对较低时，非农就业将增加粮食生产；当非农劳动力供给相对较高时，非农就业将减少粮食生产。该发现与前文的理论分析是一致的。本文进一步对非农就业目的地、家庭的土地规模、土地特征、家庭位置和家庭老龄化产生的因果效应的异质性进行了研究。异质性研究的实证结果间接证明了这种内部机制，进一步加深了关于非农就业对粮食生产和粮食种植结构影响的理解。

本文在实证策略和研究结果上对现有文献做出了一些贡献。首先，本文研究了非农就业对农业生产和粮食结构的影响。其次，本文发现非农就业与粮食生产之间存在倒 U 形相关关系，解释了前文中结果迥异的几种结论。最后，本文通过对效应异质性的研究间接证明了内部机制，填补了该领域中的一些实证空白。

此外，由于农村劳动力在农业生产和非农工作之间的配置结构发生了巨大变化，本文认为进一步的相关研究应该考虑这一变化。

第二节　研究背景

一、中国农村的小规模农业生产

1984 年后，中国农村完成了家庭联产承包责任制（HRS）的改革。中国农村采用的农业生产制度安排已经从集体化转变为个人化（Lin，1992）。家庭联产承包责任制的改革通过激励个人提高了农业生产率和产出（Lin，1992）。然而，它并没有改变土地集体所有权的性质，导致农村土地不能自由出售或租赁。家庭联产承包制的改革解决了集体农业生产的个人激励问题，但限制了农业现代化的发展和农业的规模（Ma 和 Cui，2002）。

中国国家统计局公布的数据显示，2012 年中国人均耕地面积仅为 0.36 英亩[①]，农村家庭人均耕地面积仅为 1.41 英亩。与中等规模和大规模的农业生产相比，小规模的农业生产更依赖于劳动力的投入，而不是机械设备的投入。

---

① 1 英亩≈4 046.865 平方米。

二、中国农村劳动力配置的转变

由于经济全球化，中国经济逐渐腾飞，城市对劳动力的需求大幅提升。因此，许多农村户籍的农民选择在城市工作以获得更高的收入（Cai 和 Wang，2010；Zhang et al.，2011）。根据中国国家统计局 2009—2015 年农民工年度报告和农村人口统计年鉴，本文计算了农村劳动力和人口统计指标（表 3-1）。

表 3-1   中国农村的总人口、劳动力人口及农民工人口

	2009	2015
人口（万）	68 938	60 346
劳动力人口（万）	47 547	39 587
农民工人口（万）	22 987	27 747
在外务工人口（万）	14 533	16 884
劳动力人口占总人口比例（%）	68.97	65.6
农民工人口占总人口比例（%）	33.34	45.98
农民工人口占劳动力人口比例（%）	48.34	70.09
在外务工人口占总人口比例（%）	21.81	27.98
在外务工人口占劳动力人口比例（%）	30.57	42.65

注：数据来源为中国国家统计局发布的农民工监测调查报告和《中国统计年鉴》。劳动力是指年龄在 16～60 岁之间的人口。农民工人口是一年从事非农工作超过 6 个月的人口。在外务工人口是指在其家乡之外工作的人口。

在表 3-1 中，农村劳动力在农业生产和非农就业之间的分配发生了显著变化。从 2009 年到 2015 年，由于中国城市化进程的加快，中国农村人口减少了近 8 600 万，其中，劳动力人口减少了 7 960 万，且劳动力占总人口的比例有所下降，表明农村人口老龄化问题更加严重。在此期间，农民工人口增加了 4 760 万，另外，农民工占劳动力的比例从 48.34% 增加到 70.09%，表明超过 70% 的农村劳动力一年内有 6 个月以上从事非农工作。农村劳动力减少，农村非农劳动力增加。在新的劳动力分配结构下，重新研究非农就业对粮食生产和粮食作物结构的因果关系是十分必要的。

第三节 实证方法

一、基本计量经济模型

根据 Rozelle 等（1999）和 Zhong 等（2016），本文将计量模型设定如下：

$$Grain_{hcpt} = \alpha_0 + \alpha_1 off\_farm_{hcpt} + \sum \beta X + \delta_{hcp} + \gamma_t + \varepsilon_{hcpt} \quad (3-1)$$

因变量 $Grain_{hcpt}$ 表示粮食生产。在实践中，本文通过粮食种植面积来衡量家庭的粮食产量。此外，本文还利用粮食种植面积与总种植面积的比值来衡量粮食作物结构的变化，进而研究非农就业对粮食作物结构的影响。在研究非农就业对粮食生产的影响时，$Grain_{hcpt}$ 表示的是 p 省内 c 农村 h 家庭在 t 年的粮食种植面积。当研究粮食作物种植结构时，$Grainh_{cpt}$ 表示的是粮食作物种植面积与作物种植面积的比例。

关键解释变量是 off_farm，表示非农工作时间与总工作时间的比例，范围从 0 到 1。关键系数 α_1 反映了非农就业对粮食生产和粮食作物种植结构的边际影响。向量 X 表示一系列控制变量，包括老年劳动力和女性劳动力的占比、家庭劳动力中的个体数量、家庭土地面积、家庭固定资产、居民年龄、家庭成员的受教育程度、家庭成员是否是党员、家庭成员是否是干部、家庭住址区位（是否靠近城市）以及土地特征（山地或平原）。δ_{hcp} 是家庭固定效应，γ_t 是年份固定效应。标准误聚类到省份年度上。

二、识别因果效应的框架

基于回归方程（3-1），本文并未明确得出外出务工对粮食生产和粮食作物种植结构的因果效应。原因可能在于涉及一些内生性的问题，决定是否从事非农工作和粮食生产可能同时取决于不可观察的因素，比如在误差项中被忽略掉的风险偏好等。由于家庭固定效应是可控的，本文已经排除了潜在不可衡量且不可变的因素。然而，由于不可测量的家庭特征因素会发生变化，本文仍无法确定外出务工对粮食生产和粮食作物种植结构的因果效应。

基于上述问题，本文使用工具变量法（Ⅳ法）来解决内生性问题。农户是否选择非农就业主要基于家庭特征和劳动力市场情况，如非农就业市场规模较大，农村劳动力进入的就业市场竞争性较强，劳动力市场的总供给和总需求所决定的工资和劳动力数量。因此，工资和劳动力数量均衡的变化应是外生的，并且可能与误差项中被忽略的家庭特征因素无关（Zhong et al.，2016）。

IV法的结构可概括为：用县级水平非农日工资中位数来衡量非农工作的平均工资，用 $Wage_{cpt}$ 来表示。此外，本文采用县级水平不同年龄段进行非农就业的概率来衡量个人 i 获得非农工作的可能性，用 $Prob_{ihcpt}$ 来表示。基于此，本文采用 $Wage_{cpt}$ 和 $Prob_{ihcpt}$ 的交互项来衡量没有被计入的非农收入及家庭总收入，用 $Wage\_Prob_{hcpt}$ 来表示。变量 $Wage\_Prob_{hcpt}$ 衡量了外生变化对于家庭决定家庭劳动力在粮食生产和非农就业间分配的影响，且可能与不可测量的家庭特征无关。

第一阶段和第二阶段的计量模型如下：

$$off\_farm_{hcpt} = \lambda_0 + \lambda_1 Wage\_Prob_{hcpt} + \sum \eta X + \delta + \theta_{hcp} + f_{hcpt} \quad (3-2)$$

$$Grain_{hcpt} = \alpha_0 + \alpha_1 \overline{off\_farm}_{hcpt} + \sum \beta X + \delta_{hcp} + \gamma_t + \varepsilon_{hcpt} \quad (3-3)$$

第四节 数 据

本文使用的数据来自 2009 年至 2014 年的中国农村家庭调查（CRHS）。CRHS 是农业农村部农村经济研究中心收集的全国具有代表性的面板数据，CRHS 的样本来自 31 个省份 360 个村庄的 23 000 个家庭。CRHS 的最初目标是获得有关农村改革和农村发展的动态信息，以执行相关的公共政策。CRHS 收集了详细的个人人口统计信息、就业信息、家庭基础信息和农业生产信息。

数据处理的过程可概括如下：首先，本文整理了非农工作日等人口统计和劳动力供给方面的信息。其次，本文在家庭水平上对个人的信息进行加总。最后，本文剔除了缺少重要变量且只存在一期的观察结果，最终选定的样本数量为 80 900。

本文用粮食作物种植面积的对数来衡量粮食生产，用非农工作小时占总工作小时的比例来衡量非农就业的程度。描述性统计如表 3-2 所示。

表3-2 关键变量的描述性统计

年份	谷物种植面积的对数		非农工作小时占总工作小时的比例		观测样本
	平均值	标准差	平均值	标准差	
2009	1.438	0.978	0.328	0.356	13 981
2010	1.395	1.003	0.343	0.364	13 842
2011	1.373	1.024	0.345	0.369	13 011
2012	1.364	1.045	0.352	0.375	13 474
2013	1.308	1.071	0.360	0.383	13 462
2014	1.272	1.080	0.361	0.384	13 130
完整样本	1.359	1.035	0.348	0.372	80 900

注：数据来源为2009—2014年的CRHS。

从2009到2014年，粮食种植面积的平均对数值下降了0.166，意味着粮食种植面积下降了16.6%。在同一时期，非农工作时间占总工作时间的比例上升了10.1%。非农工作时间占总工作时间的比例与粮食种植面积的对数值呈负相关关系。表3-3列出了控制变量的描述性统计。

表3-3 控制变量的描述性统计

变量	平均值	标准差	观测样本量
户主年龄	53.77	10.53	80 900
户主受教育程度	6.90	2.46	80 900
干部虚拟变量	0.04	0.28	80 900
党员虚拟变量	0.15	0.37	80 900
家庭土地面积的对数值	1.76	0.75	80 900
家庭固定资产的对数值	4.92	3.649	80 900
家庭劳动力数量的对数值	1.27	0.30	80 900
地貌（0=丘陵；1=平原）	0.37	0.482	80 900
年龄在60岁以上的工人比例	0.18	0.324	80 900
女性工人比例	0.44	0.20	80 900
是否靠近城市（0=否；1=是）	0.04	0.193	80 900
$Wage\_Prob$	16.71	16.31	80 900

注：数据来源为2009—2014年的CRHS。根据表3-3，户主的平均年龄为53.77岁，并且户主的平均受教育年限为6.9年。4%的户主是干部，15%的户主是党员。变量$Wage\_Prob$为县级水平非农工作日工资中位数和县级水平不同年龄段进行非农就业的概率的交互项。

第五节 实证结果

一、基本回归结果

本文基于基本计量模型,采用普通最小二乘法(OLS)得到实证结果,如表3-4所示。表3-4第一列结果表明非农工作时间与总工作时间之比的估计系数为负。从数值上看,非农工作时间占总工作时间的比例每增加1%,粮食面积减少0.25%。

本文还采用粮食作物种植面积与总种植面积之比来考察非农就业对粮食种植结构的影响。实证结果见表3-4第二列,非农工作时间与总工作时间之比与粮食作物种植面积与总种植面积之比呈负相关关系。非农就业与粮食生产和粮食作物种植面积比例呈负相关关系。

在表3-4的第3列和第4列中,本文分解了粮食作物种植结构与非农就业之间的关系。第3列结果表明非农就业减少了粮食作物种植面积。此外,第4列中估计系数表明非农就业也减少了经济作物种植面积。本文通过比较第1列和第4列的估计系数发现非农就业导致的粮食产量边际下降大于经济作物产量的边际下降,这与第2列实证结果一致。

表3-4 非农就业和农业产量

因变量	谷物面积对数 (1)	粮食作物结构 (2)	作物面积对数 (3)	经济作物面积对数 (4)
非农工作时间与总工作时间之比	−0.248 1***	−0.014 5***	−0.282 6***	−0.091 8***
	(0.023 6)	(0.006 3)	(0.024 1)	(0.013 3)
观测样本量	80 900	64 638	80 900	80 900
控制变量	是	是	是	是
年份固定效应	是	是	是	是
家庭固定效应	是	是	是	是
校正决定系数	0.809 1	0.750 7	0.794 2	0.683 3

注:标准误差聚集在特定省份-年份水平,***、** 和 * 分别表示在1%、5%和10%的统计水平上显著。本文控制了年份固定效应、家庭固定效应和所有控制变量。在第2列中,样本大小为64 638,因为一些家庭的作物面积等于0,不能通过计算粮食面积占总作物面积的比例来衡量粮食作物结构。

二、2SLS 回归结果

根据标准 IV 法，表 3 - 5 中第 1、2 列为第一阶段的实证结果，表明变量 $Wage\_Prob$ 与非农工作时间占总工作时间的比例存在较强的相关关系。变量 $Wage\_Prob$ 的估计系数在 0.005 5～0.005 7 之间，表明每日非农收入增加了 10 元人民币（约 1.50 美元），非农工作时间与总工作时间之比增加了 5.5%～5.7%。

表 3 - 5 IV 回归结果

因变量	第一阶段		第二阶段			
	非农工作时间与总工作时间的比例		谷物面积对数	粮食作物结构	作物面积对数	经济作物面积对数
	(1)	(2)	(3)	(4)	(5)	(6)
$Wage\_Prob$	0.005 7***	0.005 5***				
	(0.000 2)	(0.000 2)				
非农工作时间与总工作时间之比			−0.266 1*	−0.007 4	−0.358 6**	−0.195 5**
			(0.146 2)	(0.060 9)	(0.139 4)	(0.092 2)
观测样本量	80 900	64 638	80 900	64 638	80 900	80 900
控制变量	是	是	是	是	是	是
年份固定效应	是	是	是	是	是	是
家庭固定效应	是	是	是	是	是	是
$Kleibergen-Paap$ F 统计量			569.677	483.844	569.677	569.677
校正决定系数	0.720 6	0.714 5	*	*	*	*

注：标准误聚类到省份-年份层面，***、** 和 * 分别表示在 1%、5% 和 10% 的统计水平上显著。第 1 和 2 列报告了第一阶段的回归结果。根据 $K-P-F$ 统计值，本文未观察到弱 IV 导致的严重估计偏差。第 3～6 列报告了第二阶段回归结果。

表 3 - 5 第 3～6 列为非农就业对粮食面积、粮食作物种植结构、总种植面积和经济作物种植面积因果影响的实证结果。弱 IV 检验的临界值如附表 A6 所示。F 统计值表明弱 IV 的估计偏差问题并不严重。根据第 3～6 列的估计系数，本文发现非农就业显著减少了粮食作物种植面积、总种植面积和经济作物种植面积。然而，非农就业对粮食作物种植面积比例的降低并不显著，估计系数接近于 0，原因在于非农就业对粮食作物种植面积的两种因

果效应与非农就业对经济作物种植面积的两种因果效应差异很小。

本文在附表中列示出了稳健性检验的结果（附表 A1 和附表 A2）。根据 Angrist 和 Krueger（1991）的研究，简化式回归结果如附表 A1 所示。实证结果表明，该工具变量显著降低粮食产量、农作物产量和经济作物产量。此外，本文基于全国水平将工资的中位数替换为工资的平均值，并重建了一个新的工具变量：$Wage\_Prob\_2$。本文使用这个新的工具变量进行稳健性检验，实证结果如附表 A2 所示，其模式与表 3-5 相似。表 3-5 的实证结果稳健。

基于上述实证结果，本文认为非农就业减少了粮食作物种植面积、总种植面积和经济作物种植面积。但非农就业对粮食作物种植结构的影响不显著。该结论与其他文献（Lu，2016；钟等，2016）的结果相反。对此，本文后续将具体解释其中的区别。

三、倒 U 形关系

如前文所述，本文认为非农就业对粮食生产的净效应包括正效应和负效应。正效应是非农就业通过增加家庭收入缓解信贷约束，进而导致粮食生产的非劳动投入增加；负效应是非农就业直接降低粮食生产的劳动投入。理论上，当非劳动投入增加的边际效应大于劳动投入减少的边际效应时，净效应为正；否则，净效应为负。

根据收益递减规律，当非农工作时间与总工作时间之比较小时，净效应为正；当非农工作时间与总工作时间之比较大时，净效应为负。本文观察到随着非农工作时间占总工作时间的比例不断增加，非农就业对粮食生产的边际效应是先为正后为负的，即非农就业与粮食生产呈倒 U 形关系。

直观上，为了检验上述推论，本文将非农工作时间与总工作时间之比及其平方项带入计量模型。我们预期比值的估计系数为正，而二次项的估计系数为负。

首先，本文不考虑内生性，非农就业与农业生产的倒 U 形关系的实证结果如表 3-6 所示。根据第 1 列的估计系数，随着非农工时与总工时之比的增加，粮食作物种植面积先增大后减小。本文发现，作物生产和经济作物生产遵循相同的模式。但是，表 3-6 第 2 列的估计系数接近于 0，在统计学意义上不显著。

表 3-6　非农就业与粮食生产的倒 U 形关系

因变量	谷物面积对数 (1)	粮食作物结构 (2)	作物面积对数 (3)	经济作物面积对数 (4)
非农工作时间与总工作时间之比	0.319 9***	0.008 8	0.387 3***	0.146 8***
	(0.055 0)	(0.013 9)	(0.058 2)	(0.025 2)
非农工作时间与总工作时间之比的平方	−0.638 4***	−0.027 4	−0.752 9***	−0.268 2***
	(0.066 0)	(0.018 6)	(0.070 2)	(0.032 3)
观测样本量	80 900	64 638	80 900	80 900
控制变量	是	是	是	是
年份固定效应	是	是	是	是
家庭固定效应	是	是	是	是
校正决定系数	0.810 5	0.750 7	0.796 3	0.684 3

注：标准误差聚集在特定省份-年份层面，***、** 和* 分别表示在 1%、5% 和 10% 的统计水平上显著。为了考察非农就业与粮食生产之间的倒 U 形相关关系，本文将非农工作时间与总工作时间之比的平方带入计量模型。

基于上述结果，本文考虑内生性，表 3-7 为检验倒 U 形关系的 IV 回归结果。我们发现，只有粮食种植面积和作物种植面积与非农就业呈显著的倒 U 形关系。根据估计系数，当非农工作时间与总工作时间之比小于 0.387 时，非农就业对粮食生产的影响为正。如果该比值超过 0.387，非农就业对粮食生产的影响为负。表 3-7 第 2 列的估计系数表明，粮食作物种植结构与非农就业呈倒 U 形关系，但系数在统计学上不显著。第一阶段回归的实证结果见附表 A3。

表 3-7　IV 回归结果的倒 U 形相关

因变量	谷物面积对数 (1)	粮食作物结构 (2)	作物面积对数 (3)	经济作物面积对数 (4)
非农工作时间与总工作时间比率	3.735 8*	0.953 4	4.034 8*	−0.051 7
	(2.212 1)	(0.773 8)	(2.104 4)	(0.749 4)
非农工作时间与总工作时间之比的平方	−4.822 4*	−1.231 3	−5.294 2**	−0.173 3
	(2.798 8)	(1.042 3)	(2.655 1)	(0.947 5)
观测样本量	80 900	64 638	80 900	80 900
控制变量	是	是	是	是

（续）

因变量	谷物面积对数 (1)	粮食作物结构 (2)	作物面积对数 (3)	经济作物面积对数 (4)
年份固定效应	是	是	是	是
家庭固定效应	是	是	是	是
Kleibergen-Paap F 统计量	6.068	4.933	6.068	6.063

注：标准误差聚集在特定省份-年份层面，***、**和*分别表示在1%、5%和10%的统计水平上显著。我们以变量 *Wage_Prob* 及其平方（命名为 *Wage_Prob_s*）作为工具变量，第一阶段回归结果如附表 A3 所示。第二阶段回归结果如表 3-7 所示。*K-P-F* 统计值表明弱 IV 不存在严重的估计偏差。

从表 3-2 可以看出，非农工作时间占总工作时间的比例逐渐增加。如果粮食生产和农作物生产与非农就业呈倒 U 形关系，本文将会发现，非农就业在初期增加了粮食种植面积和作物种植面积，而在后期减少了粮食种植面积和作物种植面积。我们以 2009 年至 2011 年为初始期，2012 年至 2014 年为后一段时期。检验非农就业对两个时期粮食生产和作物生产影响差异的实证结果见附表 A4。附表 A4 的实证结果表明，尽管估计系数不显著，但非农就业在初期增加了粮食生产和粮食作物种植结构，在后期显著降低了粮食生产和粮食作物种植结构，与表 3-7 的结果一致。因而本文认为非农就业对粮食生产的影响是非线性的，进而证明了本文的理论推导，也有助于进一步理解文献中的不同结论。

总体而言，新形势下农村劳动力在农业生产与非农就业之间的配置结构发生了显著变化，非农就业减少粮食生产，但对粮食作物种植结构的影响不显著。接下来，本文将探讨整体效应的异质性和内在机制。

第六节　异质性和机制

本部分主要探讨非农就业对粮食面积和粮食种植结构的异质性影响，并通过实证结果的异质性来推断其内部机制。

一、当地非农产业和人口流动

一般来说，非农就业的农民对农业生产的投入随其就业（离家）距离的增加而递减。因此，我们认为非农就业对粮食种植面积的影响随非农就业目的地与家乡距离的增加而增大。我们将非农就业分为两类，分别是本地就业和异地就业。本地就业是指非农就业的场所在家乡所在的省份。人口流动是指非农就业的场所在家乡省份以外。

表 3-8 反映了本地非农就业和人口流动对粮食面积及粮食作物种植结构的影响。列 1 和列 2 展示了 OLS 回归结果。第 1 列的两个估计系数表明，人口流动对粮食面积的影响大于本地非农就业对粮食面积的影响。第 2 列的估计系数显示了同样的模式。

接下来，为了缓解模型的内生性，针对异地非农就业工人的工作时间与总工作时间之比、本地非农就业工作时间与总工作时间之比这两个内生变量，我们分别计算了在国家层面的不同年龄段中，农民工异地及本地从事非农工作的概率，并使用这两个概率值的交互项和国家层面的日均非农工资作为两个内生变量的工具变量。

工具变量回归结果见表 3-8 列 3、列 4。在表 3-8 的第 3 列，异地非农就业工人工作时间与总工作时间比率的估计系数在 1% 的统计水平上显著为负，其估计系数绝对值大于本地非农就业工人工作时间与总工作时间之比的估计系数。第 4 列的估计系数遵循相同的模式，但在统计上不显著。相较于本地就业，异地就业参与农业生产的成本更高，因此，对粮食种植面积的影响也更大。

表 3-8　非农就业目的地的异质性

因变量	OLS		IV	
	谷物面积对数	粮食作物结构	谷物面积对数	粮食作物结构
	(1)	(2)	(3)	(4)
流动非农就业工作时间与总工作时间之比	-0.293 2***	-0.018 5***	-0.346 0***	-0.014 8
	(0.025 6)	(0.007 1)	(0.104 3)	(0.038 1)
当地非农工作时间与总工作时间之比	-0.217 6***	-0.011 7*	-0.242 6	-0.002 1
	(0.024 3)	(0.006 7)	(0.162 5)	(0.068 8)
N	80 900	64 638	80 900	64 638
控制变量_X	是	是	是	是
年份固定效应	是	是	是	是

（续）

因变量	OLS		IV	
	谷物面积对数	粮食作物结构	谷物面积对数	粮食作物结构
	(1)	(2)	(3)	(4)
家庭固定效应	是	是	是	是
Kleibergen - Paap F 统计量			334.758	247.843
校正决定系数	0.809 2	0.750 7	*	*

注：标准误差聚集在特定省份-年份层面，***、**和*分别表示在1%、5%和10%的统计水平上显著。我们将非农工作时间划分为异地非农工作时间和本地非农工作时间。我们再次计算了个体 i 在国家层面相应年龄组中参与异地非农工作的概率和本地非农工作的概率。接下来，我们使用这两个概率值的交互和国家层面的平均每日非农工资作为两个内生变量的工具变量：流动工人的工作时间与总工作时间的比率以及当地非农工作时间与总工作时间之比。F 统计值表明弱 IV 不存在严重的估计偏差。

二、土地规模和土地特征

土地规模和土地特征可能会改变某些非劳动投入对粮食生产的边际效用，影响非农就业对粮食生产和粮食作物结构的净效应。通常，农业机械在土地规模较大（平原）的地区使用效率更高（Lu，2016）。那么，在土地规模较大（平原）的地区增加非劳动投入对粮食生产的正向边际效应可能大于减少劳动投入对粮食生产的负向边际效应。因此，非农就业对粮食生产及粮食作物生产的净影响对大规模（或平坦）土地可能是正向的。

我们在模型中加入非农工作时间与总工作时间之比和家庭土地面积对数值的交互项，观察土地规模是否调节了非农就业对粮食生产和粮食作物结构的影响。表3-9为加入交互项的实证结果。前两列为OLS回归结果，后两列为IV回归结果。由第3列的IV回归结果可知，非农就业降低了粮食生产。值得注意的是，交互项的估计系数在1%的统计水平上显著为正，非农就业对粮食种植面积的负效应随着土地规模的增大而减小。最后1列的结果表明，当土地规模较小时，非农就业降低了粮食生产的比重，而当土地规模足够大时，非农就业可能增加粮食生产的比重。

我们在模型中加入非农工作时间与总工作时间的比值和土地特征的虚拟变量（0 ＝山岭，1 ＝平原）的交互项，观察土地特征是否调节了非农就业对粮食生产和粮食作物结构的影响。表3-10为加入交互项的实证结果。我们主要关注 IV 回归结果。在表3-10的后两列中，非农工作时间与总工作时间之比的两项估计系数均显著为负，且远大于表3-5中第3列和第4列的估计系数。而表3-10第3列和第4列交互项的估计系数均显著为正，且大于非农工作时间与总工作时间之比的估计系数。因此，在地形较为崎岖的地区，非农就业会减少粮食生产和粮食作物结构（比例），在地形较为平坦的地区，非农就业会增加粮食生产和粮食作物结构（比例）。

表3-9　土地规模的异质性

因变量	OLS		IV	
	谷物面积对数	粮食作物结构	谷物面积对数	粮食作物结构
	(1)	(2)	(3)	(4)
非农工作时间与总工作时间之比	-0.155 5***	-0.050 6***	-0.975 0***	-0.445 1***
	(0.057 3)	(0.015 7)	(0.331 4)	(0.128 9)
非农工作时间与总工作时间的比值×农户土地面积的对数值	-0.052 8	0.020 6***	0.409 7***	0.249 5***
	(0.037 2)	(0.007 7)	(0.164 7)	(0.051 4)
N	80 900	64 638	80 900	64 638
控制变量_X	是	是	是	是
年份固定效应	是	是	是	是
家庭固定效应	是	是	是	是
Kleibergen-Paap F 统计量			352.055	265.732
校正决定系数	0.809 2	0.750 8	*	*

注：标准误差聚集在特定省份-年份层面，***、**和*分别表示在1%、5%和10%的统计水平上显著。我们以变量 Wage_Prob 与农户土地面积的对数的交互项作为非农工作时间与总工作时间之比和农户土地面积的对数交互项的工具变量。F统计值表明弱IV不存在严重的估计偏差。

表3-10　土地特征的异质性

因变量	OLS		IV	
	谷物面积对数	粮食作物结构	谷物面积对数	粮食作物结构
	(1)	(2)	(3)	(4)
非农工作时间与总工作时间之比	-0.291 7***	-0.032 9***	-0.595 4***	-0.168 7***
	(0.020 8)	(0.006 6)	(0.170 3)	(0.058 2)
非农工作时间与总工作时间的比值×土地特征	0.119 7***	0.050 9***	0.918 8***	0.438 3***
	(0.047 5)	(0.010 8)	(0.273 2)	(0.102 0)
N	80 900	64 638	80 900	64 638
控制变量_X	是	是	是	是

（续）

因变量	OLS		IV	
	谷物面积对数	粮食作物结构	谷物面积对数	粮食作物结构
	(1)	(2)	(3)	(4)
年份固定效应	是	是	是	是
家庭固定效应	是	是	是	是
Kleibergen-Paap F 统计量			249.268	217.531
校正决定系数	0.809 2	0.750 9	*	*

注：标准误差聚集在特定省份-年份层面，***、** 和*分别表示在 1%、5% 和 10% 的统计水平上显著。我们以变量 *Wage_Prob* 和土地特征虚拟变量（0=山岭，1=平原）的交互项作为非农工时与总工时之比交互项和该虚拟变量的工具变量。*K-P-F* 统计值表明弱 IV 不存在严重的估计偏差。

土地规模和土地特征对于非劳动投入对粮食生产的边际效用水平存在调节作用，非农就业对粮食生产和粮食作物结构的影响随土地规模和土地特征的变化而变化。受数据所限，我们无法直接考察在土地特征调节下非劳动投入对粮食生产的边际效应的异质性，然而，非农就业对粮食生产和粮食作物结构在土地特征调节下的异质性影响与非劳动投入的内在机制是一致的。表 3-9 和表 3-10 的实证结果侧面印证了非劳动投入的内在机制。

三、住址区位因素

依据已有文献（Zhong et al.，2016），我们研究了非农就业对农户住址地的粮食种植面积的异质性影响。我们根据农户住址是否靠近城市构造虚拟变量（是=1，否=0），农户住址离城市越近，越倾向于选择非农业生产（Zhong et al.，2016）。因此，农户住址越接近城市，非农就业对粮食生产和粮食作物结构的负向影响可能越大，实证结果见表 3-11。

表 3-11　家庭位置的异质性

因变量	OLS		IV	
	谷物面积对数	粮食作物结构	谷物面积对数	粮食作物结构
	(1)	(2)	(3)	(4)
非农工作时间与总工作时间之比	-0.249 7***	-0.013 3**	-0.246 7*	-0.004 8
	(0.023 7)	(0.006 3)	(0.145 1)	(0.060 2)
非农工作时间与总工作时间之比×是否靠近城市	0.058 7	-0.055 6*	-0.548 9	-0.136 3
	(0.055 7)	(0.029 1)	(0.479 2)	(0.140 3)

（续）

因变量	OLS		IV	
	谷物面积对数	粮食作物结构	谷物面积对数	粮食作物结构
	(1)	(2)	(3)	(4)
N	80 900	64 638	80 900	64 638
控制变量_X	是	是	是	是
年份固定效应	是	是	是	是
家庭固定效应	是	是	是	是
Kleibergen-Paap F 统计量			290.485	252.121
校正决定系数	0.809 1	0.750 7	*	*

注：标准误差聚集在特定省份-年份层面，***、** 和 * 分别表示在 1%、5% 和 10% 的统计水平上显著。我们将变量 Wage_Prob 与是否在城市附近的虚拟变量（0＝否，1＝是）的交互项作为非农工作时间与总工作时间之比以及该虚拟变量交互项的工具变量。K-P-F 统计值表明弱 IV 不存在严重的估计偏差。

表 3-11 反映了上述模型的 IV 回归结果。在第 3 列中，第一个估计系数在 10% 的统计水平上显著为负，与表 3-5 第 3 列的估计系数相近。交互项的估计系数为负。上述实证结果表明，农户住址越接近城市，非农就业对粮食生产的负向影响越大。尽管如此，交互项的估计系数在统计意义上不显著。表 3-11 最后一列的估计系数遵循同样的模式。我们认为，对农户地区非农就业对粮食面积和粮食作物结构影响异质性的理论分析可能是正确的，但这种考虑并没有得到统计分析的支持。

四、家庭老龄化

中国正逐渐向老龄化社会蜕变。中国农村人口老龄化比城市人口老龄化更严重。造成城乡老龄化水平差异的原因之一是中国农村的年轻人大多移居到城市，而老年人留在了农村（Tong，Yumei & Liu，2014）。一般来说，相较于年轻人，老年人在农业生产方面的生产力更低。当农户的家庭老年成员较多时，非农就业对粮食种植面积和粮食作物结构的负向效应可能更大。

表 3-12 反映了家庭老龄化过程中非农就业对粮食生产和粮食作物结构的异质性影响。我们构造虚拟变量以衡量家庭老龄化程度，如果一个家庭中 60 岁以上的老人比例超过 1/3，令其等于 1，否则为 0，实证结果如表 3-12 所示。如前所述，我们主要关注 IV 回归结果。在表 3-12 的第 3 列中，第一

个估计系数为负，且在 10％的统计水平上显著，这意味着非农就业减少了粮食种植面积。交互项的估计系数为负，农户非农就业对粮食种植面积和粮食作物结构的负向效应随家庭老龄化而增加；然而，该系数在统计学意义上不显著。

表 3－12　家庭老龄化的异质性

因变量	OLS		IV	
	谷物面积对数	粮食作物结构	谷物面积对数	粮食作物结构
	(1)	(2)	(3)	(4)
非农工作时间与总工作时间之比	−0.253 1***	−0.013 0**	−0.257 4*	0.002 5
	(0.024 5)	(0.006 8)	(0.142 8)	(0.056 9)
非农工作时间与总工作时间之比×是否靠近城市	0.033 8	−0.009 3	−0.046 8	−0.047 7
	(0.020 9)	(0.009 5)	(0.063 8)	(0.037 7)
是否靠近城市	−0.024 2*	0.003 6	0.007 1	0.018 2
	(0.014 6)	(0.005 7)	(0.029 5)	(0.015 2)
N	80 900	64 638	80 900	64 638
控制变量 _ X	是	是	是	是
年份固定效应	是	是	是	是
家庭固定效应	是	是	是	是
Kleibergen － Paap F 统计量			290.711	248.019
校正决定系数	0.809 1	0.750 7	*	*

注：标准误差聚集在特定省份-年份层面，***、** 和* 分别表示在 1％、5％和 10％的统计水平上显著。我们取变量 Wage _ Prob 与虚拟变量的交互项，家庭是否老龄化（如果老年人在总人口（60 岁以上）中所占比例超过 1/3，虚拟变量为 1；否则等于 0），作为非农工作时间与总工作时间之比交互项的工具变量和这个哑变量。F 值表明弱 IV 不存在严重的估计偏差。

表 3－13　土地特征和家庭老龄化的异质性

因变量	≥土地规模平均值		<土地规模平均值	
	谷物面积对数	粮食作物结构	谷物面积对数	粮食作物结构
	(1)	(2)	(3)	(4)
非农工作时间与总工作时间之比	−0.688 6**	−0.061 6	−0.433 4***	−0.155 3**
	(0.275 4)	(0.066 8)	(0.155 5)	(0.070 7)
是否是老龄化家庭	0.031 9	−0.009 4	−0.015 5	0.009 1
	(0.052 9)	(0.015 9)	(0.047 4)	(0.029 8)

（续）

因变量	≥土地规模平均值		<土地规模平均值	
	谷物面积对数	粮食作物结构	谷物面积对数	粮食作物结构
	(1)	(2)	(3)	(4)
土地特征	−0.406 4***	−0.105 8**	−0.062 9	−0.081 1
	(0.124 1)	(0.049 5)	(0.176 6)	(0.089 0)
非农工作时间与总工作时间之比×土地特征	1.226 9***	0.345 1***	0.274 1	0.275 9
	(0.326 3)	(0.102 0)	(0.445 1)	(0.235 5)
是否是老龄化家庭×土地特征	−0.026 8	0.025 5	0.026 4	0.022 3
	(0.073 9)	(0.020 1)	(0.083 9)	(0.040 0)
非农工作时间与总工作时间之比×是否是老龄化家庭	−0.259 7*	−0.018 3	−0.022 1	−0.038 0
	(0.137 2)	(0.045 5)	(0.095 7)	(0.073 5)
非农工作时间与总工作时间之比×是否是老龄化家庭×土地特征	0.384 3*	0.021 7	0.046 0	0.057 1
	(0.198 1)	(0.051 1)	(0.167 2)	(0.089 3)
N	39 677	32 352	39 968	31 224
控制变量 _ X	是	是	是	是
年份固定效应	是	是	是	是
家庭固定效应	是	是	是	是
Kleibergen-Paap F 统计量	63.114	55.137	66.660	21.421

注：标准误差聚集在特定省份-年份层面，***、** 和* 分别表示在1％、5％和10％的统计水平上显著。我们把所有交互考虑进回归方程，包括非农工作时间与总工作时间之比、土地特性（崎岖或平坦）、家庭是否老化，来捕获由土地特性以及家庭老龄化导致的非农就业对粮食生产和粮食作物结构影响的异质性。第1和第2列报告了土地规模大于整个样本土地规模平均值的家庭子样本的实证结果；第3和第4列报告了另一个子样本的实证结果。表3-13给出了 IV 回归结果。K-P-F 统计值表明弱 IV 不存在严重的估计偏差。

对于上述实证结果，本文认为有两种可能解释，其一，农业机械填补了年轻人和老年人之间的生产力差距（Hu & Zhong，2012；周，王，张，2014）；其二，老年人增加了农业生产的劳动投入，从而缩小了青壮年和老年人之间的生产力差距。正如上文的实证结果，农民更有可能在地形平坦、土地规模较大的地区使用农业机械。相比之下，在土地规模较小的地区，老年人如果增加劳动投入，可能会面临因身体老化导致的生产力低下的问题。其次，我们认为土地规模是影响农机使用的关键因素，土地规模决定了劳动力投入在农业生产中的重要程度。因此，我们根据农户土地规模将样本分为两个子样本，我们在模型中加入各交互项并进行实证检验，实证结果见表3-13。

在表3-13中，列1报告了家庭中土地规模大于平均值子样本的实证结果。我们主要针对最后两种交互项的估计系数。其中，非农工作时间与总工作时间之比与是否是老龄化家庭的交互项系数显著为负，表明相较于年轻的家庭，非农就业对老龄化家庭的粮食生产的负面影响更为严重。然而，非农工作时间与总工作时间之比、是否是老龄化家庭及土地特征的交互项估计系数显著为正，这表明老龄化家庭在地形较为崎岖的地区进行农业生产有助于削弱非农就业的负面影响，其原因在于只有在地形较为平坦的地区使用农业机械能够较好地弥补青壮年与老年劳动力之间农业生产效率的差距。第2列中的最后两个交互项估计系数在统计学意义上不显著，但遵循相同的模式。

同样地，表3-13的第3和第4列反映了土地规模小于平均值的家庭的子样本的实证结果。如前所述，在土地规模较小的地区，通过增加劳动投入，老年劳动力能够较好地弥补其在生产率方面的劣势。第3列和第4列的最后两个估计系数在统计上不显著，这与推论相一致。

我们接着对上述推论进行验证，验证的关键点在于具有不同土地类型的年轻家庭和老龄化家庭之间的劳动力投入差异。根据土地规模和土地特征，将样本分为四个子样本。在每个子样本中，我们使用每亩农田的工作日来衡量劳动投入的强度。我们在四个子样本中分析了老龄化家庭和年轻家庭劳动投入强度的差异，结果如附表A5所示。

附表A5的第1列展示了各子样本老龄化家庭每亩农田工作日的均值。数据显示，土地小而崎岖的老年农户每亩耕地工作日最大，土地大而平整的老年农户每亩耕地工作日最小，这意味着当土地更适合农业机械时，劳动力投入更有可能被农业机械代替。附表A5中的第3列展示了每个子样本中较年轻家庭每亩农田工作日的方式，它们遵循与第1列相同的模式。

第一个面板显示，在土地大而崎岖的子样本中，老龄化家庭的每亩劳动投入显著大于较年轻家庭。然而，从第二个面板可以看出，在土地大而平整的子样本中，老龄化家庭的每亩劳动投入显著低于较年轻家庭。在土地大而崎岖的情况下，老龄化家庭与年轻化家庭的粮食生产差距仍然存在。这说明在土地大而崎岖的情况下，老龄化家庭通过增加劳动力投入来弥补老龄化家庭与年轻化家庭之间粮食生产差距的效果并不显著。但是，如果土地是大而平整的，则老龄化家庭与年轻化家庭之间并不存在粮食生产差距。这是因为在大而平整的土地上更加适合使用农机，而且生产效率更高。此时，老龄化家庭可以通过广泛使用农机来弥补粮食生产的差距。在土地面积较大的情况下，我们认为通过增加劳动投入促进粮食生产的效率相对有限，老龄化家庭几乎无法通过增加劳动投入来弥补粮食生产的差距；但是，如果土地在农机使用方面具有便捷性和匹配度，老龄化家庭可以通过广泛使用农机来弥补粮食生产的缺口。

附表 A5 的第三个面板显示，在小而崎岖的子样本中，老龄化家庭的每亩劳动投入显著大于年轻家庭。由上一个面板可以看出，在面积小、土地平整的子样本中，老龄化家庭的每亩劳动投入显著低于较年轻家庭。后两个面板的结果表明，与较年轻的家庭相比，当土地对于农业机械的使用变得更加不方便和不适应时，老龄化家庭相对增加了更多的劳动力投入。在表 3-13 的后两列中，考虑到土地面积较小，我们发现，非农就业对粮食生产和粮食作物结构的影响差异在老龄农户和较年轻农户之间不显著。我们认为，无论农业机械使用的方便性和匹配度如何，老龄化家庭通过增加对小块土地的劳动投入，均可有效地填补老龄化家庭与年轻家庭之间的粮食生产缺口。

根据表 3-13 和附表 A5，我们认为非农就业对家庭老龄化中粮食面积和粮食作物结构的影响具有复杂的异质性。这种异质性源于土地性质的差异，并决定了农业机械在土地上使用的便捷性和匹配度以及劳动力投入的重要程度。

我们通过调查非农就业对粮食生产和粮食作物结构的影响在非农就业类型、土地规模、土地特征、农户区位、农户老龄化等方面的异质性，加深了对非农就业对粮食生产和粮食作物结构影响的刻画，间接证明了基准模型的理论机制和内在机理。

第七节　结　　论

随着中国城市化进程和人口老龄化进程的加快，农村劳动力在从事农业生产和非农工作之间的配置结构发生了重大变化。在这一新背景下，我们通过使用具有全国代表性的农业农村部农村经济研究中心 CRHS 数据，研究了非农就业对粮食生产和粮食作物结构的因果效应。

理论分析表明，非农就业对粮食生产和粮食作物结构的影响取决于增加农业生产的非劳动投入所产生的正向效应和减少农业生产的劳动投入所产生的负向效应。总体而言，非农就业对粮食生产的净效应为显著的负向效应，而非农就业对粮食种植结构的影响不显著。另外，实证结果显示非农就业对粮食生产和粮食种植结构的影响呈现倒 U 形，即非农就业首先会增加粮食生产和作物生产，但随着非农就业比重的增加又会转而减少粮食生产和作物生产。该结果与文献中出现的多种不同结论相统一，并与理论分析相一致。

进一步，我们研究了非农就业对粮食生产和粮食作物结构的影响在非农就业所在地、家庭土地规模、土地特征、家庭住址和家庭老龄化等方面的异质性。异质性分析深化了非农就业对粮食生产和粮食作物结构的因果效应，间接证明了其内在机制。由于农业生产劳动力与非农就业劳动力的分配结构发生了重大变化，我们认为进一步的相关研究应该考虑这一变化。

附表

附表 A1 简化式回归结果

因变量	谷物面积对数 (1)	粮食作物结构 (2)	作物面积对数 (3)	经济作物面积对数 (4)
$Wage\_Prob$	−0.001 5*	−0.000 0	−0.002 0***	−0.001 1**
	(0.000 8)	(0.000 3)	(0.000 8)	(0.000 5)
观测样本量	80 900	64 638	80 900	80 900
控制变量	是	是	是	是
年份固定效应	是	是	是	是
家庭固定效应	是	是	是	是
校正决定系数	0.806 9	0.750 6	0.791 3	0.682 4

注：标准误差聚集在特定省份-年份层面，***、** 和 * 分别表示在 1%、5% 和 10% 的统计水平上显著。我们用变量 $Wage\_Prob$ 来代替非农工作时间与总工作时间之比，检验每日非农收入是否影响粮食生产决策。

附表 A2 IV 回归结果——使用工资的平均值

因变量	第一阶段		第二阶段			
	非农工作时间与总工作时间之比		谷物面积对数	粮食作物结构	经济作物面积对数	作物面积对数
	(1)	(2)	(3)	(4)	(5)	(6)
Wage_Prob_2	0.004 2***	0.004 2***				
	(0.000 2)	(0.000 2)				
非农工作时间与总工作时间之比			−0.335 1**	−0.016 9	−0.422 0***	−0.160 4*
			(0.148 7)	(0.060 1)	(0.141 1)	(0.088 9)
观测样本量	80 900	64 628	80 900	64 628	80 900	80 900
控制变量	是	是	是	是	是	是
年份固定效应	是	是	是	是	是	是
家庭固定效应	是	是	是	是	是	是
Kleibergen-Paap F-统计量			368.479	409.988	368.479	368.479
校正决定系数	0.718 5	0.712 8	*	*	*	*

注：标准误差聚集在特定省份-年份层面，***、** 和 * 分别表示在 1%、5% 和 10% 的统计水平上显著。根据构建工具变量 *Wage_Prob*，我们将国家工资的中位数替换为国家工资的均值，重新构建新的工具变量 *Wage_Prob_2*。F 值表明弱 IV 不存在严重的估计偏差。

附表 A3 倒 U 形相关的第一阶段回归结果

因变量	非农工作时间与总工作时间之比 (1)	非农工作时间与总工作时间之比的平方 (2)	非农工作时间与总工作时间之比 (3)	非农工作时间与总工作时间之比的平方 (4)
Wage_Prob	0.011 6***	0.008 8***	0.010 7***	0.007 7***
	(0.000 5)	(0.000 5)	(0.000 5)	(0.000 5)
Square of Wage_Prob	−0.000 1***	−0.000 1***	−0.000 1***	−0.000 1***
	(0.000 0)	(0.000 0)	(0.000 0)	(0.000 0)
观测样本量	80 900	80 900	64 638	64 638
控制变量	是	是	是	是
年份固定效应	是	是	是	是
家庭固定效应	是	是	是	是
校正决定系数	0.723 3	0.710 3	0.716 9	0.692 0

注：标准误差聚集在特定省份一年份层面，***、** 和 * 分别表示在 1%、5% 和 10% 的统计水平上显著。

附表 A4 不同时间段的异质性

因变量	2009—2011 年				2012—2014 年			
	谷物面积对数	粮食作物结构	作物面积对数	经济作物面积对数	谷物面积对数	粮食作物结构	作物面积对数	经济作物面积对数
	(1)	(2)	(3)	(4)	(5)	(6)	(7)	(8)
非农工作时间与总工作时间之比	0.221 6	0.076 5	0.168 5	−0.088 0	−0.594 9***	−0.112 2*	−0.600 0***	−0.128 2
	(0.194 5)	(0.056 5)	(0.205 3)	(0.112 9)	(0.188 7)	(0.066 9)	(0.187 7)	(0.103 8)
观测样本量	39 365	31 993	39 365	39 365	38 253	29 517	38 253	38 253
控制变量	是	是	是	是	是	是	是	是
年份固定效应	是	是	是	是	是	是	是	是
家庭固定效应	是	是	是	是	是	是	是	是
Kleibergen-Paap F-统计量	112.644	88.396	112.644	112.644	223.477	171.749	223.477	223.477

注：标准误差聚集在特定省份-年份层面，***、**和*分别表示在1%、5%和10%的统计水平上显著。第1~4栏为2009—2011年前期的实证结果，第5~8栏为2012—2014年后期的实证结果。例如，在初始阶段，非农就业增加了初始阶段的粮食面积，尽管估计系数在统计上并不显著。后期非农就业显著减少粮食面积。F值表明弱IV不存在严重的估计偏差。

附表 A5 老年家庭和青年家庭劳动投入的差异

变量：每亩农田工作日	老年家庭		青年家庭		差异分析		
	均值	观测样本量	均值	观测样本量	差异	T 检验	P 值（H₀: Diff=0）
大而崎岖的土地	34.18	3 842	30.51	17 097	3.68	6.34	0.000 0
大而平整的土地	24.62	3 814	25.85	16 034	−1.23	2.20	0.027 5
小而崎岖的土地	74.61	6 256	68.65	23 403	5.96	5.01	0.000 0
小而平整的土地	50.05	2 913	52.68	7 541	−2.63	1.65	0.099 3

注：我们根据土地规模和土地特征将样本分为四个子样本。在每个子样本中，我们使用每亩农田的工作日来衡量劳动投入的强度，并分析老年家庭和年轻家庭之间劳动投入强度的差异。

附表 A6 基于 TSLS 偏差的弱工具变量测试的临界值

	10%	15%	20%	30%
N=1，K=1	16.38	8.96	6.66	5.53
N=2，K=2	7.03	4.58	3.95	3.63

注：纳入的内生回归量用 N 表示，工具变量数用 K 表示。IV 估计量的期望最大偏差相对于OLS在5%的显著性水平（Stock & Yogo，2005）。

第四章 依靠科技进步应对劳动力老龄化、非农就业与农户粮食种植：基于全国固定观察点调查的证据

随着农村劳动力老龄化的不断加剧，中国的粮食种植是否会受到冲击？本文基于 2010—2014 年农业部固定观察点大样本农户数据进行实证研究，结论表明：农户劳动力老龄化的加剧，会促使农户减少劳动强度较大的粮食作物种植，农户老龄劳动力的比例每上升 1%，其粮食作物播种面积会减少 5.3%。在水稻、小麦和玉米三种主粮作物中，劳动力老龄化对生产过程中劳动投入较大的水稻和玉米的负向影响要大于劳动力投入较小的小麦。我们通过使用中介效应模型探讨作用机制，实证结果发现：劳动力老龄化的加剧，一方面直接减少农户农业劳动力的供给，对粮食种植造成了显著负向影响；另一方面间接影响农户劳动力非农就业的行为决策，降低农户劳动力外出打工的比例，缓解了农业劳动力供给，对粮食种植会造成正面影响；综合直接效应和间接效应，整体仍呈现出负向的影响效应。

第一节 引　言

近十年来，中国人口结构发生了巨大的变化，按照世界卫生组织（WHO）的划分标准衡量，中国自 2000 年起 60 岁及以上人口占总人口的比例就已达到 10.93%，到 2037 年我国老年人口将超过 4 亿，中国将逐步进入老年性社会（彭希哲和胡湛，2011；胡鞍钢等，2012；刘华，2014；郑伟等，2014；胡翠和许召元，2014；龚锋和余锦亮，2015；汪伟和艾春荣，2015；汪伟，2016）。在改革开放以来的几十年时间里，中国工业化发展迅速，而

城镇化的发展相对滞后，在最近 20 年时间内这种情况稍有改善，城镇化明显提速，大量农业劳动力转移到城市寻找非农就业工作（蔡昉，2007；Cai et al.，2009），尤其是青壮年农业劳动力的大规模转移，导致目前滞留农村从事农业生产的主要是年龄较大的劳动力（Zhang et al.，2011）。随着时间的推移，当前劳动力老龄化的发展趋势越来越严重，国家统计局公布 2017 年的中国总人口为 13.9 亿，那未来谁来种粮食？谁来养活这 13.9 亿人口，已经日益受到学术界和社会各界的普遍关注（陈锡文等，2011；胡雪枝和钟甫宁，2012；Yang et al.，2013；杨进等，2016；刘景景和孙赫，2017；陆岐楠等，2017；王善高和田旭，2018）。因此，在这种背景下，探讨农村地区劳动力老龄化对农户粮食种植的影响就成为一个关系中国未来粮食发展的重大问题。

学术界关于劳动力老龄化对粮食生产的影响研究主要集中在对生产要素投入的影响（秦立建等，2011）、产出的影响（李旻和赵连阁，2009）、土地利用效率的影响（杨俊等，2011；林本喜和邓衡山，2012）以及农业生产行为决策之间的关系（钟甫宁和胡雪梅，2008；李澜和李阳，2009；胡雪枝和钟甫宁，2012）。关于劳动力老龄化对农户粮食种植的影响研究目前还较为薄弱，在目前仅有的几篇已有文献中（杨进等，2016；刘景景和孙赫，2017；王善高和田旭，2018），研究结论都尚未达成一致，主要在于研究视角、方法和数据的差异，比如他们都只关注了粮食作物在农作物种植中的结构性占比，并未从农户的粮食种植面积的变化着手去研究其对结构性占比的冲击，也没有探讨劳动力老龄化对农户粮食种植影响的内在作用机制，这综合反映了当前学界关于劳动力老龄化对于粮食种植的影响研究的缺乏。

基于此，作者在以往研究的基础上，进一步运用更严谨的实证方法和大样本农户数据进行研究。首先，从分析劳动力老龄化对农户粮食种植面积变化的影响着手，发现农户老龄劳动力的比例每上升 1%，其粮食作物播种面积会减少 5.3%；对农户经济作物种植面积的研究，也发现农户劳动力老龄化比例上升会显著促进经济作物的种植面积减少。劳动力老龄化对农户粮食作物和经济作物的种植面积同时呈现出负向的影响，导致粮食作物在农作物的种植结构占比并没有出现显著的变化；其次，通过对水稻、小麦和玉米三种主要粮食作物进行分品种研究，发现劳动力老龄化对三种主要粮食作物都会产生负向影响，但是由于水稻和玉米的劳动强度更大，所以劳动力老龄化对这两种作物的负向冲击会更大，进一步佐证了研究结论的稳健性；然后，研究了土地规模经济效应给不同农户带来的差异化影响，农户拥有土地规模越大，就会具备更大的规模经济收益，研究发现农户的土地规模经济效应会削弱劳动力老龄化给农户粮食种植带来的负面影响；最后，再通过使用中介效应模型分析劳动力老龄化对农户粮食种植的直接效应和间接效应，研究发现农户劳动力老龄化的加剧，一方面会直接减少农户农业劳动力供给，对粮食种植造成负向影响，另一方面也会降低农户劳动力外出非农就业的比例，缓解农户农业劳动力的供给，从而间接促进农户扩大粮食种植。综合而言，农户劳动力老龄化的直接效应比间接效应更大，所以整体表现出劳动力老龄化会显著促进农户减少粮食作物的种植。

数据来源于 2010—2014 年农业部农村固定观察点的大样本农户微观数据库，该数据库调查系统由中央政策研究室和农业部共同领导，于 1984 年经中共中央书记处批准设立，1986 年正式建立并运行至今，主要通过观察点建立专业的调查小组，对农村社会经济进行长期的连续调查，从而对农村微观经济主体进行统计分析，掌握农村建设的新动态。目前有调查农户23 000 户，调查村 360 个行政村，样本分布在全国除港澳台外的 31 个省份。数据量大而全，能够充分地支撑本文的实证研究，更能体现本文研究结论的普遍性。其次，鉴于粮食属于一个大范畴，本文以水稻、小麦和玉米三种主要粮食作物的播种面积以及三者面积之和占农作物总播种面积的比例来衡量粮食种植结构性占比，以此来探究农村劳动力老龄化对粮食种植结构的影响。

第二节　文献综述

学术界关于农村劳动力老龄化对于粮食生产的影响，主要集中在粮食生产的生产投入、产量和生产效率方面。在生产投入方面，研究发现老龄化农户受自身体能限制，会倾向土地撂荒，减少对粮食生产的劳动力投入、自用工资金投入和土地投入，降低土地使用率，导致农业劳动和土地投入不足，从而对农业产出产生负面影响（李旻和赵连阁，2010；秦立建等，2011；

林本喜和邓衡山，2012；何小勤，2013）。在粮食产量方面，陈锡文等（2011）、周宏等（2014）、魏君英和夏旺（2018）的研究发现农业劳动力老龄化会导致农业劳动力投入不足，从而对农业产出造成负面影响。但是也有研究表明老年劳动力年龄增长带来的经验积累一定程度上可以抵消劳动力老龄化体能下降的负面影响，不会使水稻生产力出现明显下降，并不会给粮食产出造成直接的负面影响（钱文荣和郑黎义，2010；胡雪枝和钟甫宁，2012；刘景景，2017）。在生产效率方面，文献之间能够达成一致的是在老年劳动力在生产过程中的要素投入要显著低于非老年劳动力（彭代彦和文乐，2015；彭代彦和文乐，2016；徐娜和张莉琴，2013），对生产效率的影响目前尚存在分歧（林本喜和邓衡山，2012；周来友等，2015；乔志霞和霍学喜，2017）。

关于劳动力老龄化对粮食种植结构的研究，主要有三篇文献：杨进等（2016）采用2004年至2008年农业部固定观察农户调查数据，研究农村劳动力转移对中国粮食种植结构影响的同时，也研究了劳动力老龄化对粮食作物结构性占比的影响，他们的实证检验结果表明劳动力老龄化对粮食作物结构性占比并没有表现出显著的正向或者负向效应。王善高和田旭（2018）采用2010年农业部固定观察点的微观农户数据，实证检验了劳动力老龄化对粮食种植面积占比的影响，无论是平原地区还是山区，农业劳动力平均年龄对粮食作物占比都产生了负面影响，但是将农户样本按照年龄划分成不同的虚拟变量组后，老年户在平原地区呈现出正面影响，而在山区呈现出负面影响。刘景景和孙赫（2017）基于全国农村固定观察点的农户数据，通过对三大主要粮食品种播种面积的比较分析发现劳动力老龄化对粮食种植面积没有表现出负效应。

以上研究，其结论并未取得一致，问题存在以下几个方面：第一，他们三者的研究都仅仅分析了农户粮食种植的结构性占比变化，并没有对粮食种植面积这个维度进行探究，没有解释粮食种植面积的波动如何影响了粮食作物结构性占比变化的内在作用机制；第二，王善高和田旭（2018）采用了农业部农村固定观察点一年的数据，缺乏对时间维度的控制，无法消除时间变化趋势带来的潜在内生影响效应。另外，该研究没有控制农户个体固定效应，也没有控制村固定效应，这样就遗漏了大量农户家庭层面和村级层面的内生影响因素，可能导致实证结果不稳健；第三，刘景景和孙赫（2017）的研究只进行了统计性的描述，缺少对其他影响因素控制后的实证检验；第四，这三篇研究都未探讨劳动力老龄化对粮食种植的内在作用机制。

综上所述，需要从以下几个方面进行更深入的研究：①从农户粮食种植面积的变化这个视角切入，先把劳动力老龄化对农户种植面积的影响研究清楚，再研究它对粮食作物在农作物种植结构性占比方面的影响；②土地的规模经济效应是对农户生产行为影响较大的方面，所以要研究农户在拥有不同土地规模时，劳动力老龄化对农户粮食种植的差异化影响；③劳动力老龄化对农户粮食种植的内在作用机制是什么？

前面两个问题的解答我们将在下文用实证的方法去探究，关于内在作用机制，我们认为劳动力老龄化对粮食生产产生影响主要体现在两个方面：

其一是农业劳动力老龄化会直接导致农户农业劳动力供给的下降，同时也会降低人力资本。粮食生产活动对体力的消耗较大，尤其是粮食生产是劳动强度较大的大田作物，在耕田、播种和收割等环节都需要大量的劳动投入，老年劳动力体力状况较差，劳动力的质量降低会导致农业有效劳动投入不足。随着劳动者年龄的增加，其学习能力也逐步下降，思维模式僵化，创新能力不足，不利于先进作业方式和农业生产新技术的推广使用，无法满足现代农业生产发展的要求，进而直接地影响到农业生产（李旻和赵连阁，2009；李澜和李阳，2009；郭熙保等，2013；陈锡文等，2011）。

其二是农业劳动力老龄化会影响农户劳动力外出非农就业的劳动力配置，根据 Zhang 等（2011）的研究，农村外出非农就业的人群大多集中于青壮年劳动力，因为老年劳动力拥有较少的非农务工机会且劳动报酬低（林本喜和邓衡山，2012；周来友等，2015），那么随着农户劳动力老龄化的比例不断上升，其外出从事非农就业的劳动力就有可能会下降，这部分劳动力会重新回到农村从事农业劳动，从而缓解了农户进行粮食生产的劳动供给约束，这样就会间接地促进农户种植更多的粮食作物。因此，我们可以归纳出劳动力老龄化直接和间接影响农户粮食种植两个作用机制。

第三节　劳动力老龄化和粮食种植发展的现状

近 10 年来我国老龄化进程尤其迅速，在人口年龄结构方面，2005 年我国老年人口占比仅为 7.7%，到 2016 年已增加至 10.8%（表 4-1）。如果按照世界卫生组织的标准，一个国家或者地区 60 岁以上老年人口占人口总数比例超过 10%，或者 65 岁以上老年人口比例超过 7% 时，即该国家或地区步入"老龄化社会"，这意味着中国已经步入了老龄化社会。在劳动力年龄结构方面，我国劳动力平均年龄从 2000 年的 37.39 岁上升至 2016 年的 44.51 岁，也进一步凸显了老龄化的发展趋势，这将日益成为中国经济社会发展的核心问题。

表 4-1　我国人口和劳动力老龄化变动趋势

年份	老年人口比例（%）	平均年龄（岁）
2000	6.96	37.39
2005	7.70	39.38
2010	8.90	41.91
2011	9.10	42.34
2012	9.40	42.76
2013	9.70	43.20
2014	10.10	43.63
2015	10.47	44.07
2016	10.80	44.51

数据来源：历年《中国人口和就业统计年鉴》和全国人口普查主要数据。

表 4-2 反映了 1990—2016 年我国农业劳动力年龄分布情况，将年满 16 周岁主要从事农业的劳动力列为农业劳动力，则农业劳动力年龄层次分成以下 6 个部分：16～24 岁、25～34 岁、35～44 岁、45～54 岁、55～64 岁和 65 岁以上。近 20 年来，我国 45 岁及以上农业劳动力所占比例平均每年增加 1.2 个百分点，呈现上升趋势；其中 65 岁及以上的人口所占比例从 1990 年的 2.4% 提高到 2016 年的 12.02%，增加近 10 个百分点。由此可见，我国农业劳动力现已表现出显著的老龄化现象，且农业劳动力老龄化趋势还在进一步加剧。

表 4-2　1990—2016 年农业劳动力年龄分布情况

单位：%

农业劳动力年龄	16～24 岁	25～34 岁	35～44 岁	45～54 岁	55～64 岁	65 岁及以上
1990	30.40	25.60	21.30	12.60	7.70	2.40
2000	14.30	27.60	23.10	20.10	10.10	4.70
2010	11.70	15.90	25.30	22.60	18.10	6.40
2011	14.06	12.74	17.19	13.80	11.54	10.06
2012	14.08	12.65	16.58	14.20	11.90	10.37
2013	13.36	13.18	15.99	14.44	12.27	10.61
2014	12.60	13.34	14.98	15.18	12.65	11.16
2015	11.97	13.77	14.51	15.99	12.26	11.51
2016	10.94	13.77	13.69	16.75	12.36	12.02

数据来源：历年《中国人口和就业统计年鉴》和全国人口普查主要数据。

　　图 4-1 反映了 1978—2016 年我国粮食作物种植面积及粮食作物种植面积在总农作物种植面积中的占比变化情况。粮食作物种植面积在 1978 年至 2003 年期间，出现了较大幅度的下降，从 1978 年 12 058.7 万公顷下降至 2003 年的 9 941 万公顷。然后从 2004 年至 2016 年，开始缓慢上升，从 2004 年的 10 160.6 万公顷上涨至 2016 年 11 303.4 万公顷。粮食种植面积在整个农作物种植面积中的占比在 2003 年以前呈现下降趋势，2003 年至 2006 年开始上涨，其后从 2006 年开始缓慢下降，但是下降幅度不大，占比基本维持 68% 的水平。

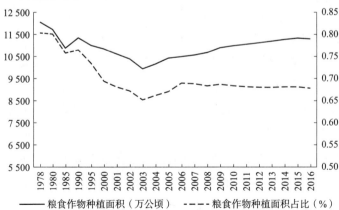

图 4-1　1978—2016 年粮食作物种植面积及占比变化情况

数据来源：历年《中国统计年鉴》。

第四节 实证分析策略

假设农户的劳动力数量保持不变，随着农业劳动力老龄化趋势的加剧，农户的劳动供给将逐渐减少，而且受到体能的限制，对于那些农业劳动强度较大的工种，老龄化较为严重的农户将受到更大的影响。因此，农户作为理性决策人，会积极调整其要素投入和种植结构，以适应老龄化不断扩大的劳动供给约束。粮食作物属于大宗农田作物，在生产过程中，尤其是农忙时期，它的劳动强度较大，随着劳动力老龄化的加剧，当农户的劳动供给无法满足粮食生产过程中对劳动力体力的需求时，农户会逐渐减少劳动强度较大的粮食作物种植。故而，在农户劳动力老龄化的趋势加剧时，可能会给粮食作物的种植带来负向冲击。在下文的实证分析中，我们将选择农户的粮食种植面积作为被解释变量，农户劳动力老龄化作为核心解释变量，使用2009—2014年全国农村固定观察点的农户数据，构建基本的计量回归模型如下：

$$Y_{it}=\alpha_0+\beta_1 pop_{it}+\beta_2 x_{it}+\alpha_i+\gamma_t+\varepsilon_{it} \qquad (4-1)$$

其中，Y_{it}是被解释变量，表示包含水稻、小麦和玉米三种主要粮食作物在内的粮食作物播种面积或者粮食作物播种面积在整个农作物播种面积中的占比。

pop_{it}表示的是劳动力老龄化的衡量指标，即农户大于60岁的劳动力占总劳动力数量的比例。X_{it}为控制变量，具体包括户主的年龄（年）、户主的受教育水平（年）、是否村干部户（1＝是；0＝否）、是否党员户（1＝是；0＝否）、农户家庭总耕地亩数（亩）、农户家庭总劳动力人数（人）以及农户家庭总固定资产金额（元）；α_0是常数项，β_1和β_2分别表示核心解释变量以及控制变量的估计系数；γ_t为时间固定效应，以控制那些随时间变化带来的内生性影响因素；α_i为地区或个体固定效应，在下文实证过程中包括省一级的地区固定效应、村一级的地区固定效应，以及农户一级的固定效应，控制那些无法观察且不随时间变化的地区或者个体内生性影响因素；ε_{it}为模型的残差项。回归方程中所有实变量都取对数形式，这样做目的有二：其一，减小其方差，从而减少残差的波动范围；其二，直接反映其弹性，利于对回归系数的解读，主要变量的描述性统计见表4-3。

表4-3　控制变量的基本统计值

主要控制变量	平均值	最小值	最大值	标准差	样本数
户主年龄（年）	53.90	18.00	80.00	10.38	66 098
户主受教育水平（年）	6.86	0.00	12.00	2.44	66 098
是否村干部户	0.04	0.00	1.00	0.20	66 098
是否党员户	0.15	0.00	1.00	0.36	66 098
家庭土地亩数（亩）	7.68	0.10	505.00	9.62	66 098
家庭劳动力人数（人）	2.81	1.00	12.00	1.12	66 098
家庭总固定资产金额（元）	1 759.87	1.00	639 980.20	10 176.65	66 098

数据来源：2009—2014年农业部固定观察点数据。

第五节　基准回归分析

表4-4反映劳动力老龄化对粮食作物播种面积的影响，包含四个方程。为了获得稳健的实证结果，我们将逐步控制时间固定效应和地区固定效应，以此比较不同的控制效应，观察实证结果是否一致，以判断实证结果的稳健与否。N1控制了时间固定效应和省级固定效应，N2和N3则同时控制时间固定效应、省级或村级固定效应以及二者的交叉项，N4控制了时间固定效应和农户固定效应，并进一步控制了村级层面的集聚效应。在使用面板数据进行计量经济学分析时，同一个个体在不同时期的扰动项之间往往会存在自相关，当面板数据满足时间维度T小截面维度N大时，也就是所谓的短面板数据，此时可以通过聚类（由每个个体不同时期的所有观测值组成）稳健的标准差（cluster-robust standard error）来估计回归方程的标准差得到真实标准误的一致估计，即允许同一聚类的观测值（截面组内）之间存在自相关而不同聚类的观测值不相关（陈强，2015）。此处控制村级层面的聚集效应即允许在村级层面内部存在自相关，村内农户受到一些共同因素的干扰，而村落间面临的随机干扰不相关，用以处理村级层面农户面对的共同因素的干扰。以上四个方程依次呈现出递进的方式，随着控制因素的增加，第四个回归方程控制的程度相较而言更完备，通过这四个回归方程的对比分析从而表明实证结果的稳健性与可信度。

表 4-4 劳动力老龄化对粮食作物播种面积的影响

	N1	N2	N3	N4
老年劳动力比例	−0.063***	−0.064***	−0.094***	−0.053***
	(0.010)	(0.010)	(0.008)	(0.015)
户主年龄	−0.002***	−0.002***	0.000	0.000
	(0.000)	(0.000)	(0.000)	(0.001)
户主受教育水平	−0.003**	−0.003**	0.001*	0.002
	(0.001)	(0.001)	(0.001)	(0.003)
是否村干部	−0.007	−0.006	0.012	0.004
	(0.014)	(0.014)	(0.010)	(0.015)
是否党员	0.014*	0.013*	−0.002	0.002
	(0.008)	(0.008)	(0.006)	(0.008)
ln_家庭总耕地数	0.763***	0.758***	0.649***	0.330***
	(0.004)	(0.004)	(0.006)	(0.029)
ln_家庭劳动力	0.110***	0.109***	0.084***	0.050***
	(0.006)	(0.006)	(0.005)	(0.012)
ln_固定资产	0.010***	0.010***	0.020***	0.006***
	(0.001)	(0.001)	(0.001)	(0.002)
年份固定效应	是	是	是	是
省固定效应	是	是		
省×年份		是		
村固定效应			是	
村×年份			是	
户固定效应				是
村集聚				是
样本量	68 083	68 083	68 028	66 098
调整 R^2	0.602	0.608	0.787	0.886
AIC	1.35E+05	1.33E+05	9.02E+04	3.07E+04

数据来源：2009—2014 年农业部固定观察点数据；***、** 和 * 分别表示在 1%、5% 和 10% 的统计水平上显著；家庭总耕地数、家庭总劳动力数和家庭总固定资产数均取自然对数。

从实证结果来看，控制时间固定效应以后，无论再控制省固定效应、村固定效应、个体固定效应、村集聚效应，以及它们之间的交叉效应，农户家庭老年劳动力比例的估计系数在 4 个回归方程中全部都显著为负，且都在

1％的统计水平上高度显著，表明实证结果相当稳健，说明随着农户家庭老
年劳动力比例的增加，农户会减少粮食作物的播种面积。

　　表4-5反映劳动力老龄化对粮食作物播种面积占比的影响，展现了逐
步增加时间和地区控制因素的4个回归方程。从实证结果来看，在农户粮食
播种面积占比方面，N1、N2和N3，控制时间固定效应、省固定效应、村
固定效应之后，老年劳动力比例的估计系数均显著为负数，分别在1％、
1％和10％的统计水平上保持显著，这与王善高和田旭（2018）的研究结论
一致，他们也没有控制个体农户固定效应。但是在进一步控制村级层面的集
聚效应和个体农户固定效应之后，老年劳动力比例的估计系数不再显著，这
表明农户层面确实还存在某些重要的不可观察的影响因素，而且这些影响因
素很重要，不考虑会使估计结果有偏。所以，采用更严格的面板数据分析方
法以后，老年劳动力比例的上升对农户家庭粮食作物播种面积结构性占比不
会产生显著影响，这与杨进等（2016）的研究结论一致。

表4-5　劳动力老龄化对粮食作物播种面积占比的影响

	N1	N2	N3	N4
老年劳动力比例	−0.011***	−0.010***	−0.003*	0.003
	(0.003)	(0.003)	(0.002)	(0.005)
户主年龄	0.000	0.000	0.000	0.000
	(0.000)	(0.000)	(0.000)	(0.000)
户主受教育水平	−0.001*	0.000	0.000	−0.001
	(0.000)	(0.000)	(0.000)	(0.001)
是否村干部	−0.005	−0.005	−0.006**	0.001
	(0.004)	(0.004)	(0.003)	(0.004)
是否党员	0.003	0.003	−0.002	0.001
	(0.002)	(0.002)	(0.001)	(0.002)
ln_家庭总耕地数	0.005***	0.005***	0.000	−0.004
	(0.001)	(0.001)	(0.001)	(0.005)
ln_家庭劳动力	0.002	0.001	−0.009***	−0.004
	(0.002)	(0.002)	(0.001)	(0.004)
ln_固定资产	−0.003***	−0.003***	0.000	0.000
	(0.000)	(0.000)	(0.000)	(0.001)

（续）

	N1	N2	N3	N4
年份固定效应	是	是	是	是
省固定效应	是	是		
省×年份		是		
村固定效应			是	
村×年份			是	
户固定效应				是
村集聚				是
样本量	68 083	68 083	68 028	66 098
调整 R^2	0.220	0.258	0.680	0.629
AIC	−4.11E+04	−4.46E+04	−1.04E+05	−1.06E+05

数据来源：2009—2014年农业部固定观察点数据；***、**和*分别表示在1%、5%和10%的统计水平上显著；家庭总耕地数、家庭总劳动力数和家庭总固定资产数均取自然对数。

但是，现在又产生了一个新的问题，既然表4-5反映劳动力老龄化对粮食播种面积有显著负向影响，为什么对粮食播种面积的占比没有影响呢？为了回答这个问题，我们再对经济作物进行研究。

表4-6反映劳动力老龄化对经济作物播种面积的影响，同样逐步控制时间固定效应、地区固定效应和个体农户固定效应，农户家庭老年劳动力比例的估计系数都为负，且N3和N4都在10%的统计水平上显著，充分说明随着农户家庭老年劳动力比例的增加，农户也会减少经济作物的播种面积，即劳动力老龄化对经济作物种植也构成了显著负向冲击，这就解释了实际上劳动力老龄化对粮食作物和经济作物的播种面积都在产生负向冲击，但是这种负向冲击在粮食作物和经济作物之间，即它们的结构性占比方面，并没有产生比较显著的差异。

表4-6 劳动力老龄化对经济作物播种面积的影响

	N1	N2	N3	N4
老年劳动力比例	−0.011	−0.013	−0.027*	−0.063*
	(0.024)	(0.024)	(0.015)	(0.037)
户主年龄	0.000	0.000	0.000	−0.002
	(0.001)	(0.001)	(0.001)	(0.001)

（续）

	N1	N2	N3	N4
户主受教育水平	0.014***	0.012***	−0.003*	−0.004
	(0.003)	(0.003)	(0.002)	(0.005)
是否村干部	0.030	0.035	0.044**	0.007
	(0.032)	(0.032)	(0.022)	(0.024)
是否党员	−0.075***	−0.072***	0.012	−0.006
	(0.018)	(0.017)	(0.012)	(0.016)
ln_家庭总耕地数	0.468***	0.468***	0.321***	0.135***
	(0.008)	(0.008)	(0.009)	(0.039)
ln_家庭劳动力	−0.021	−0.015	0.150***	0.047**
	(0.016)	(0.016)	(0.011)	(0.024)
ln_固定资产	0.011***	0.011***	0.018***	0.004
	(0.002)	(0.002)	(0.002)	(0.005)
年份固定效应	是	是	是	是
省固定效应	是	是		
省×年份		是		
村固定效应			是	
村×年份			是	
户固定效应				是
村集聚				是
样本量	39 988	39 988	39 907	37 792
调整 R^2	0.234	0.247	0.701	0.800
AIC	1.29E+05	1.28E+05	8.99E+04	5.88E+04

数据来源：2009—2014 年农业部固定观察点数据；***、** 和 * 分别表示在 1%、5% 和 10% 的统计水平上显著；家庭总耕地数、家庭总劳动力数和家庭固定资产数均取自然对数。

第六节　稳健性检验

为了获取更稳健的实证结论，我们根据粮食作物的品种，进一步对水稻、小麦与玉米三种主要粮食作物进行单独的实证分析。考虑到不同粮食作物品种生产过程对劳动投入的需求有所差异，劳动力老龄化对不同粮食作物种植面积的影响程度也会有所差异。表 4 - 7 反映了 2009—2016 年我国主要粮食作物用工情况，数据显示在小麦、水稻和玉米三种主要粮食作物中，水稻和玉米的劳动投入要远大于小麦，2009 年水稻和玉米的劳动用工数量分别是 8.35 天和 7.5 天，而小麦的劳动用工数量只有 5.82 天；2016 年水稻和玉米的劳动用工数量分别是 5.81 天和 5.57 天，而小麦的劳动用工数量只有 4.54 天。

表 4-7　主要粮食作物用工数量（日）

年份	水稻	小麦	玉米
2009	8.35	5.82	7.50
2010	7.83	5.64	7.32
2011	7.61	5.58	7.18
2012	7.20	5.16	6.95
2013	6.87	5.04	6.60
2014	6.44	4.87	6.30
2015	6.23	4.65	5.95
2016	5.81	4.54	5.57

数据来源：历年《全国农产品成本收益资料汇编》。

表 4-8、表 4-9 和表 4-10 反映了回归结果，它们的因变量分别是农户家庭水稻播种面积、小麦播种面积和玉米播种面积，也将逐步控制时间固定效应和地区固定效应，以此比较不同的控制效应，观察实证结果是否一致，以判断实证结果的稳健与否。$N1$ 控制了时间固定效应和省级固定效应，$N2$ 和 $N3$ 则同时控制时间固定效应、省级或村级固定效应以及二者的交叉项，$N4$ 控制了时间固定效应和农户固定效应，并进一步控制了村级层面的集聚效应。

表 4-8　劳动力老龄化对水稻播种面积的影响

	$N1$	$N2$	$N3$	$N4$
老年劳动力比例	−0.055***	−0.052***	−0.120***	−0.085***
	(0.016)	(0.016)	(0.012)	(0.021)
户主年龄	−0.003***	−0.003***	0.000	0.001
	(0.000)	(0.000)	(0.000)	(0.001)
户主受教育水平	−0.013***	−0.012***	0.000	0.003
	(0.002)	(0.002)	(0.001)	(0.004)

(续)

	N1	N2	N3	N4
是否村干部	−0.007	0.001	0.009	0.017
	(0.020)	(0.020)	(0.016)	(0.015)
是否党员	0.013	0.011	0.001	0.010
	(0.011)	(0.011)	(0.009)	(0.010)
ln＿家庭总耕地数	0.672***	0.671***	0.557***	0.228***
	(0.007)	(0.007)	(0.008)	(0.043)
ln＿家庭劳动力	0.082***	0.079***	0.097***	0.060***
	(0.010)	(0.010)	(0.008)	(0.016)
ln＿固定资产	−0.001	0.000	0.018***	0.008***
	(0.001)	(0.001)	(0.001)	(0.002)
年份固定效应	是	是	是	是
省固定效应	是	是		
省×年份		是		
村固定效应			是	
村×年份			是	
户固定效应				是
村集聚				是
样本量	31 613	31 609	31 526	30 313
调整 R^2	0.524	0.532	0.738	0.888
AIC	6.39E+04	6.32E+04	4.39E+04	9.18E+03

数据来源:2009—2014 年农业部固定观察点数据;***、**和*分别表示在 1％、5％和 10％的统计水平上显著;家庭总耕地数、家庭总劳动力数和家庭总固定资产数均取自然对数。

表4-9　劳动力老龄化对小麦播种面积的影响

	N1	N2	N3	N4
老年劳动力比例	−0.063***	−0.062***	−0.055***	−0.020
	(0.013)	(0.013)	(0.011)	(0.027)
户主年龄	0.000	0.000	−0.001**	0.001
	(0.000)	(0.000)	(0.000)	(0.001)
户主受教育水平	0.003*	0.003**	0.002	0.007**
	(0.002)	(0.001)	(0.001)	(0.003)
是否村干部	−0.014	−0.013	−0.018	−0.011
	(0.017)	(0.017)	(0.013)	(0.017)

（续）

	N1	N2	N3	N4
是否党员	−0.012	−0.010	0.004	0.000
	(0.010)	(0.009)	(0.007)	(0.010)
ln_家庭总耕地数	0.718***	0.721***	0.666***	0.428***
	(0.006)	(0.006)	(0.009)	(0.048)
ln_家庭劳动力	0.032***	0.030***	0.056***	0.056***
	(0.008)	(0.008)	(0.007)	(0.017)
ln_固定资产	0.001	0.000	0.006***	0.000
	(0.001)	(0.001)	(0.001)	(0.002)
年份固定效应	是	是	是	是
省固定效应	是	是		
省×年份		是		
村固定效应			是	
村×年份			是	
户固定效应				是
村集聚				是
样本量	24 569	24 559	24 478	23 350
调整 R^2	0.591	0.602	0.762	0.852
AIC	3.80E+04	3.72E+04	2.37E+04	5.85E+03

数据来源：2009—2014年农业部固定观察点数据；***、** 和 * 分别表示在1%、5%和10%的统计水平上显著；家庭总耕地数、家庭总劳动力数和家庭总固定资产数均取自然对数。

表4-10　劳动力老龄化对玉米播种面积的影响

	N1	N2	N3	N4
老年劳动力比例	−0.049***	−0.048***	−0.062***	−0.032*
	(0.012)	(0.012)	(0.009)	(0.018)
户主年龄	−0.002***	−0.002***	0.000	0.001
	(0.000)	(0.000)	(0.000)	(0.001)
户主受教育水平	−0.001	−0.001	0.001	0.003
	(0.001)	(0.001)	(0.001)	(0.003)
是否村干部	0.022	0.020	0.034***	0.015
	(0.017)	(0.017)	(0.013)	(0.016)
是否党员	−0.006	−0.005	0.014*	0.001
	(0.010)	(0.010)	(0.007)	(0.009)

（续）

	N1	N2	N3	N4
ln＿家庭总耕地数	0.690***	0.690***	0.604***	0.267***
	(0.005)	(0.005)	(0.007)	(0.029)
ln＿家庭劳动力	0.023***	0.022***	0.067***	0.055***
	(0.008)	(0.008)	(0.006)	(0.014)
ln＿固定资产	0.012***	0.012***	0.014***	0.003
	(0.001)	(0.001)	(0.001)	(0.002)
年份固定效应	是	是	是	是
省固定效应	是	是		
省×年份		是		
村固定效应			是	
村×年份			是	
户固定效应				是
村集聚				是
样本量	46 752	46 751	46 675	45 077
调整 R^2	0.691	0.698	0.835	0.907
AIC	9.57E+04	9.45E+04	6.48E+04	2.56E+04

数据来源：2009—2014 年农业部固定观察点数据；***、** 和 * 分别表示在 1%、5% 和 10% 的统计水平上显著；家庭总耕地数、家庭总劳动力数和家庭总固定资产数均取自然对数。

从实证结果来看，老年劳动力比例的估计系数在水稻、小麦和玉米作物的回归方程中都为负。首先，从统计显著水平来看，在水稻回归方程中呈现出 1% 的显著水平，在玉米回归方程中呈现出 10% 的显著水平，而在三种粮食作物中劳动力投入最少的小麦回归方程中系数不显著。其次，从回归方程的系数大小来看，水稻的估计系数为 −0.085，玉米的估计系数为 −0.032，而小麦的估计系数只有 −0.02，系数值也最小。这说明相对于生产过程中劳动力投入较小的小麦作物而言，农户劳动力老龄化的趋势，对水稻和玉米种植面积的负向冲击要更大。

第七节　土地规模经济的影响

在农业生产的研究领域，土地的规模经济效应常常是学者们重点探讨的研究问题之一，大量的研究发现农户的土地规模经营对农业生产行为决策会产生多方面的深远影响（Deininger and Jin，2005；Deininger and Jin，2006；刘凤芹，2006；郭庆海，2014；姜松等，2016；仇焕广等，2017；陈杰和苏群，2017）。

相对于拥有较小土地规模的农户而言，拥有较大土地规模的农户具备了土地规模经济效应：一方面他们的粮食种植收入总额更高，如果大面积的减少粮食种植，其家庭收入将大幅度下降；另一方面他们使用农业机械以替代农业劳动力更具有优势，由于土地规模较大，将更大程度上降低每亩的农业机械化成本。所以，当劳动力老龄化出现以后，从经济成本核算的角度，他们更倾向于用农业机械替代劳动力，而不是大规模地减少粮食种植，否则将大幅度降低农业收入。因此，相对于拥有较小土地规模的农户而言，农户劳动力老龄化的趋势，给拥有较大土地规模的农户粮食作物种植带来的负向冲击可能要更小。

表4-11展示农户劳动力老龄化在不同土地规模农户之间的差异化影响效应，其估计系数同样在逐步控制了时间固定效应和地区固定效应以后，仍然保持一致，都显著为负，且全部在5%的统计水平以上高度显著。从劳动力老龄化和土地规模对粮食种植结构的交叉效应来看，N4在控制村级层面的集聚效应和个体农户固定效应之后，农户老年劳动力比例与家庭总耕地数的交叉项估计系数在5%的统计水平上显著为正，说明劳动力老龄化对拥有大规模耕地的农户家庭的粮食种植结构负向影响更小，说明了农户土地规模经济会削弱劳动力老龄化给农户粮食种植带来的负面影响。

表4-11 劳动力老龄化和土地规模对粮食种植结构的交叉效应

	N1	N2	N3	N4
老年劳动力比例	-0.041**	-0.039**	-0.077***	-0.114***
	(0.016)	(0.016)	(0.013)	(0.032)
老年劳动力比例 ln_家庭总耕地数	-0.015*	-0.018*	-0.012*	0.039**
	(0.009)	(0.009)	(0.007)	(0.018)
ln_家庭总耕地数	0.765***	0.762***	0.652***	0.322***
	(0.004)	(0.004)	(0.006)	(0.030)
户主年龄	-0.002***	-0.002***	0.000	0.000
	(0.000)	(0.000)	(0.000)	(0.001)

（续）

	N1	N2	N3	N4
户主受教育水平	−0.003**	−0.003**	0.002*	0.002
	(0.001)	(0.001)	(0.001)	(0.003)
是否村干部	−0.007	−0.006	0.012	0.004
	(0.014)	(0.014)	(0.010)	(0.015)
是否党员	0.014*	0.013*	−0.002	0.002
	(0.008)	(0.008)	(0.006)	(0.008)
ln_家庭劳动力	0.111***	0.110***	0.085***	0.049***
	(0.006)	(0.006)	(0.005)	(0.012)
ln_固定资产	0.010***	0.010***	0.020***	0.006***
	(0.001)	(0.001)	(0.001)	(0.002)
年份固定效应	是	是	是	是
省固定效应	是	是		
省×年份		是		
村固定效应			是	
村×年份			是	
户固定效应				是
村集聚				是
样本量	68 083	68 083	68 028	66 098
调整 R^2	0.602	0.608	0.787	0.886
AIC	1.35E+05	1.33E+05	9.02E+04	3.07E+04

数据来源：2009—2014 年农业部固定观察点数据；***、** 和 * 分别表示在 1%、5% 和 10% 的统计水平上显著；家庭总耕地数、家庭总劳动力数和家庭总固定资产数均取自然对数。

第八节　农户农业机械存量的影响机制

对于农户家庭而言，随着家庭劳动力老龄化趋势的加剧，农户可以选择用农业机械来替代农业劳动力进行农业生产，这涉及两个问题：第一个是技术层面的替代程度，农业机械能否很好地完成劳动力所从事的细节生产流程；第二个是经济成本的比较，用农业机械替代劳动力，是否带来农业生产成本的上涨？如果上涨，就会抑制农户使用农业机械来替代农业劳动力。

在上文，我们实证研究表明农户劳动力老龄化对农户农业生产的负面影响在不同土地规模农户之间存在显著的异质性现象。那么，在农户劳动力老龄化趋势下，大农户和小农户是否因为采取不同的农业机械替代策略，而导致了这种异质性现象的发生呢？从理论上来说：一方面，面对劳动力老龄化趋势，拥有土地规模较大的农户会有更强的动力去积极使用农业机械替代农业劳动力。大规模农户种植收入总额更高，获取利润更大；而小规模农户因为种植规模太小，利润低，农户劳动力老龄化的趋势严重时可能不愿意选择机械替代，而是直接减少作物种植。另一方面，随着农业机械生产成本的逐渐增加，只有利润高的大农户才能负担起机械化操作的费用，他们使用农业机械以替代农业劳动力更具有优势，因此更倾向于去寻找机械替代劳动力；利润低的小农户则由于无法负担较高的机械生产成本，进而就会减少粮食作物种植。

表 4-12 反映了粮食作物和经济作物每亩农业机械作业费用的变化情况。2000—2018 年，粮食作物每亩农业机械作业费用从 22.85 元增加至 148.81 元，上涨了 5.51 倍；经济作物每亩农业机械作业费用从 36.19 元增加至 300.71 元，上涨了 7.31 倍。整体来看，无论是从粮食作物每亩农业机械作业费用，还是从经济作物每亩农业机械作业费用来看，目前中国农户家庭使用农业机械化服务的单位成本在日益提高。

表 4-12　全国农作物每亩农业机械作业费用变化

单位：元

年份	粮食作物	经济作物
2000	22.85	36.19
2005	37.73	63.55
2010	84.94	142.49
2011	98.53	194.32
2012	114.48	214.67
2013	124.92	229.11
2014	134.08	245.83
2015	139.60	261.63
2016	142.79	260.15
2017	145.72	284.07
2018	148.81	300.71

数据来源：国家发展和改革委员会价格司，2000—2018. 全国农产品成本收益资料汇编［M］. 北京：中国统计出版社.

为了将这个问题研究得更加透彻，我们在控制其他因素不变的情况下，通过计量经济学实证方法来进行剖析。表4-13展示农户家庭劳动力老龄化对农户农业机械存量的影响。我们将所有农户分成两类，土地规模小于或等于10亩的农户定义为小规模农户；土地规模大于10亩的农户定义为大规模农户，分别对这两类样本进行实证分析。实证策略分成两部分，N1和N2是分析劳动力老龄化对小规模农户农业机械存量的影响，N3到N4是分析劳动力老龄化对大规模农户农业机械存量的影响，所有模型均同时控制了时间固定效应、农户固定效应和村级层面集聚效应。对于小规模农户而言，老年劳动力比例估计系数在逐步加入控制变量以后都不显著，表明农户劳动力老龄化不会对小规模农户的农业机械存量产生明显影响。对大规模农户而言，老年劳动力比例估计系数在逐步加入控制变量以后都为正数，且在5%的统计水平以上高度显著，表明农户劳动力老龄化会促进大规模农户的农业机械存量的增加。大规模农户会倾向使用农业机械替代农业劳动力，因此会削弱劳动力老龄化给农户粮食种植带来的负面影响。

表4-13 劳动力老龄化对农户农业机械存量的影响

	小规模农户		大规模农户	
	N1	N2	N3	N4
老年劳动力比例	0.051	-0.003	0.253**	0.225**
	(0.055)	(0.057)	(0.116)	(0.113)
户主年龄		0.006**		-0.001
		(0.003)		(0.010)
户主受教育水平		0.003		-0.005
		(0.009)		(0.029)
是否村干部		0.022		-0.032
		(0.040)		(0.091)
是否党员		-0.022		-0.032
		(0.025)		(0.080)
土地规模		-0.817***		0.917**
		(0.036)		(0.421)
家庭劳动力人数		0.024		0.146
		(0.030)		(0.092)
年份固定效应	是	是	是	是

（续）

	小规模农户		大规模农户	
	N1	N2	N3	N4
户固定效应	是	是	是	是
村集聚效应	是	是	是	是
样本量	64 365	62 399	9 332	9 025
调整 R^2	0.716	0.724	0.873	0.873
AIC	1.90E+05	1.82E+05	2.89E+04	2.79E+04

数据来源：2009—2014 年农业部固定观察点数据；***、** 和 * 分别表示在 1%、5% 和 10% 的统计水平上显著；家庭总耕地数、家庭总劳动力数和家庭总固定资产数均取自然对数。

以上实证结果验证了，随着农户家庭劳动力老龄化的加剧，土地规模较大的农户会采取农业机械来替代劳动力的做法，从而保障农业生产，所以当农户劳动力老龄化加剧时，对他们农业生产结构的影响相对较弱；而土地规模小的农户，因为农业机械生产成本高，则会较少使用农业机械，当农户劳动力老龄化加剧时，他们更大程度上会直接减少相关农业种植，尤其是劳动力投入繁重的大宗粮食作物。

第九节　非农就业的间接影响机制

随着我国农村劳动力大规模向非农业部门转移，劳动力非农就业现象越来越普遍。蔡昉（2007）研究指出我国农村劳动力短缺现象已经出现，中国农村劳动力供给无限的时代已经结束（Fan，2009；Cai and Wang，2009）。据国家统计局数据显示，截至 2016 年，中国农民工总量已经达到了28 171 万人，比 2016 年增加 424 万人，增长 1.5%。其中，外出务工农民工达 16 821 万人，比上年增长 0.3%，超过农村劳动力一半以上[1]。

对于家庭劳动力外出非农就业较多的农户而言，劳动力老龄化对农户粮食种植产生两个层面的影响：一方面是直接基于劳动力供给的影响，由于农户家庭大量劳动力外出非农就业，其可支配农业劳动力供给直接减少，尤其是农村外出打工的劳动力主要集中于青年劳动力群体（Zhang et al.，2011），

---

[1]　根据国家统计局发布的《2016 年农民工监测调查报告》整理。

这将严重影响粮食种植的劳动供给。而农户家庭的劳动力老龄化严重时，这类农户的农业劳动力供给会进一步减少，有可能促使农户直接减少劳动强度较大的粮食种植；另一方面基于非农就业带来的非农收入间接效应影响，由于家庭成员外出非农就业可以挣更多的现金收入，改善农户家庭收入情况（李琴等，2009；王跃梅等，2013），减轻农户家庭对粮食生产的依赖，使其降低对粮食种植收入的重视程度，所以当农户家庭的劳动力老龄化严重时，外出非农就业较大的农户家庭会更多地减少粮食作物的种植，甚至可能不再种植粮食，而主要依靠外出非农就业收入生活。

基于论述的直接影响效应和间接影响效应，我们采用中介调节回归的策略来进行研究，分成三部分进行分析：①观察劳动力老龄化对农户粮食种植的影响；②观察劳动力老龄化对农户劳动力外出非农就业的影响；③观察在控制了农户劳动力外出非农就业的情况下，劳动力老龄化对农户粮食种植的影响。

实证策略如下：

$$Y = cX + e_1 \qquad (4-2)$$

$$M = aX + e_2 \qquad (4-3)$$

$$Y = c'X + bM + e_3 \qquad (4-4)$$

其中，Y 代表农户粮食种植，M 代表农户劳动力外出非农就业情况，由农户劳动力外出打工比例来衡量，X 代表劳动力老龄化。其中 M 为中介变量，劳动力老龄化通过影响劳动力外出非农就业进而影响农户粮食种植。

方程（4-2）的系数 c 为自变量 X 对因变量 Y 的总效应，即劳动力老龄化对农户粮食种植的总效应；方程（4-3）中系数 a 为自变量 X 对中介变量 M 的效应，即劳动力老龄化对劳动力外出非农就业的影响；方程（4-4）中系数 b 表示在控制自变量 X 的影响后，中介变量 M 对因变量 Y 的效应；系数 c' 表示在控制中介变量 M 的影响后，自变量 X 对因变量 Y 的直接影响效应，即劳动力老龄化对农户粮食种植的直接影响效应。在上述模型中，系数乘积 ab 为 M 的中介效应即间接影响效应，表示劳动力老龄化通过影响农户劳动力外出非农就业对粮食种植的间接效应，它与直接效应的和为总效应，即 $c = c' + ab$。

表 4-14 反映了劳动力老龄化对农户外出打工的影响。因变量为农户劳

动力外出打工比例，实证策略与前文一致，逐步控制时间固定效应、省级和村级固定效应，最后在控制村级层面的集聚效应和个体农户固定效应之后，比较实证结果的稳健性。

实证结果表明在逐步控制了时间固定效应和地区固定效应以后，四个回归模型估计系数全部在5%的统计水平以上高度显著为负，非常稳健，说明劳动力老龄化对农户外出打工非农就业有负向影响，即劳动力老龄化会减少农户外出打工非农就业的倾向，这可能是为了弥补劳动力老龄化导致农户农业劳动力供给的减少，一些农户会选择留在家继续务农而放弃外出打工。N4 中老年劳动力比例系数−0.119 即为 a。

表 4-14　劳动力老龄化对农户外出打工的影响

	N1	N2	N3	N4
老年劳动力比例	−0.232***	−0.232***	−0.202***	−0.119***
	(0.005)	(0.005)	(0.005)	(0.010)
户主年龄	−0.001***	−0.001***	−0.002***	−0.002***
	(0.000)	(0.000)	(0.000)	(0.000)
户主受教育水平	0.005***	0.005***	0.004***	−0.001
	(0.000)	(0.000)	(0.000)	(0.001)
是否村干部	−0.030***	−0.029***	−0.021***	−0.001
	(0.006)	(0.006)	(0.005)	(0.006)
是否党员	0.012***	0.012***	0.007**	0.006
	(0.003)	(0.003)	(0.003)	(0.004)
ln_家庭总耕地数	−0.078***	−0.078***	−0.059***	−0.018***
	(0.002)	(0.002)	(0.002)	(0.005)
ln_家庭劳动力	0.139***	0.139***	0.144***	0.107***
	(0.003)	(0.003)	(0.003)	(0.011)
ln_固定资产	−0.016***	−0.016***	−0.014***	−0.006***
	(0.000)	(0.000)	(0.000)	(0.001)
年份固定效应	是	是	是	是
省固定效应	是	是		
省×年份		是		
村固定效应			是	
村×年份			是	

（续）

	N1	N2	N3	N4
户固定效应				是
村集聚				是
样本量	83 335	83 335	83 316	81 547
调整 R^2	0.214	0.218	0.439	0.726
AIC	4.44E+04	4.38E+04	1.44E+04	−6.27E+04

数据来源：2009—2014 年农业部固定观察点数据；***、** 和 * 分别表示在 1%、5% 和 10% 的统计水平上显著；家庭总耕地数、家庭总劳动力数和家庭总固定资产数均取自然对数。

表 4-15 反映了农户外出打工对粮食种植的间接影响效应。因变量为农户粮食种植面积。N1 是最小二乘法估计，控制了时间固定效应、个体农户固定效应和村级层面的集聚效应；N2 是两阶段工具变量法估计，农户外出打工劳动力比例的外生工具变量取当年劳动力外出打工工资水平的村一级中值，并同样控制了时间固定效应、个体农户固定效应和村级层面的集聚效应。N1 和 N2 模型显示，不论是 OLS 回归模型还是 2SLS 模型，劳动力老龄化对粮食种植面积有高度显著为负的影响，与前文一致，表明劳动力老龄化会减少农户粮食种植面积。外出打工劳动力比例也是在 1% 显著水平上高度显著为负，说明随着农户劳动力外出打工比例的增加，农户粮食种植面积会减少。

表 4-15　外出打工的间接影响效应

	N1（OLS）	N2（2SLS）
老年劳动力比例	−0.049***	−0.076***
	(0.013)	(0.016)
外出打工劳动力比例	−0.108***	−0.344***
	(0.011)	(0.078)
户主年龄	−0.001	−0.001
	(0.001)	(0.001)
户主受教育水平	0.001	0.001
	(0.002)	(0.002)
是否村干部	0.007	0.008
	(0.014)	(0.014)
是否党员	0.001	0.001

（续）

	N1（OLS）	N2（2SLS）
	（0.007）	（0.007）
ln_家庭总耕地数	0.319***	0.316***
	（0.013）	（0.013）
ln_家庭劳动力	0.082***	0.115***
	（0.009）	（0.014）
ln_固定资产	0.005***	0.004***
	（0.001）	（0.001）
年份固定效应	是	是
户固定效应	是	是
村集聚	是	是
样本量	60 452	60 452
调整 R^2	0.886	0.884
AIC	2.74E+04	2.82E+04

数据来源：2009—2014年农业部固定观察点数据；***、**和*分别表示在1％、5％和10％的统计水平上显著；家庭总耕地数、家庭总劳动力数和家庭总固定资产数均取自然对数。

N2（2SLS）老年劳动力比例系数即是在控制了中介变量农户劳动力外出非农就业的影响后，劳动力老龄化对粮食种植面积的直接影响效应 c'，故劳动力老龄化对粮食种植面积的直接影响效应大小为−0.076，表明劳动力老龄化会直接减少农户农业劳动力供给，对粮食种植造成负向影响；外出打工劳动力比例系数−0.344是在控制了劳动力老龄化的影响后，中介变量农户劳动力外出非农就业对粮食种植的效应 b；故劳动力老龄化对粮食种植面积的间接影响效应为 ab 的乘积0.041（表4-16），表明劳动力老龄化会降低农户劳动力外出非农就业的比例，缓解农户农业劳动力的供给，从而间接促进农户扩大粮食种植。总体而言，农户劳动力老龄化的直接效应比间接效应更大，因此整体表现出劳动力老龄化会显著促进农户减少粮食作物的种植。

表4-16　中介效应

	估计系数	方差	P 值
直接效应	−0.076	0.016	0.000
间接效应	0.041	0.078	0.007

数据来源：2009—2014年农业部固定观察点数据。

第十节　结　论

本文利用农业部固定观察点 2009—2014 年的大样本农户调查数据，在比较以往研究的基础上，综合比较粮食作物种植面积和结构性占比变化，使用中介效应模型分析劳动力老龄化对农户粮食种植的内在作用机制，研究结论如下：

（1）中国劳动力老龄化现象正日益严重，不论是劳动力平均年龄还是老年劳动力比例都在逐年上升，其中农业劳动力老龄化趋势尤为突出。

（2）农户劳动力老龄化的加剧，会促使农户减少劳动强度较大的粮食作物种植，农户老龄劳动力的比例每上升 1%，其粮食作物播种面积会减少 5.3%；农户劳动力老龄化比例上升也会显著促进经济作物的种植面积减少。劳动力老龄化对农户粮食作物和经济作物的种植面积同时呈现出负向的影响，粮食作物在农作物的种植结构占比并没有出现显著的变化。

（3）劳动力老龄化对水稻、小麦和玉米三种主要粮食作物都会产生负向影响，但是由于水稻和玉米的劳动强度更大，所以劳动力老龄化对生产过程中劳动投入较大的水稻和玉米的负向冲击更大。

（4）不同农户的土地规模不一样，会造成不同的土地规模经济效应，研究表明农户的土地规模经济效应会削弱劳动力老龄化给农户粮食种植带来的负面影响。

（5）通过使用中介效应模型分析劳动力老龄化对农户粮食种植的直接效应和间接效应，研究发现：劳动力老龄化的加剧，一方面直接减少农户农业劳动力的供给，对粮食种植造成了显著负向影响；另一方面间接影响农户劳动力非农就业的行为决策，降低农户劳动力外出打工的比例，缓解了农业劳动力供给，从而间接促进农户扩大粮食种植；综合直接效应和间接效应，整体仍呈现出负向的影响效应，即劳动力老龄化会显著促进农户减少粮食作物的种植。

（6）农户劳动力老龄化会通过农户农业机械存量的影响来调整农户粮食种植结构。实证结果表明大规模农户会更积极使用农业机械替代农业劳动力，抵消劳动力老龄化带来的负向冲击。

　　基于以上微观数据分析得到的结论，可以看出在城市化迅速发展的同时，中国人口结构也在发生着重大变化，尤其是农村劳动力老龄化问题越来越严重，其对粮食作物种植结构也带来了显著的冲击。因此，政府在制定国家农业发展战略时，尤其是关系着中国十几亿人口的口粮问题时，要加大对农村人口和劳动力老龄化方面的重视。

第五章 劳动力成本上涨和中国农业种植集聚发展

农业生产集聚是如何形成的？本文利用中国 31 个省份 1998—2017 年种植业播种面积数据，从劳动力成本变化的角度对这一问题进行了研究。实证结果表明：第一，我国种植业正朝着集聚生产模式发展，特别是粮食作物中的小麦种植以及经济作物中的棉花和糖料种植。第二，劳动力成本的上涨对其集聚生产具有显著的正向影响，加速了我国农业种植业专业化发展的趋势。第三，异质性分析表明，随着农户用地规模的增大，劳动力成本上涨对农业种植业集聚的正向影响更大。

第一节 引 言

Porter（1998）指出生产集聚是许多相互关联的生产单位集聚在某一地区进行协同和专业化生产，集聚生产能够在信息、技术、劳动力和资本供求层面都体现出很大程度的正向溢出效应，降低交易费用，进一步促进劳动分工和专业化（Smith，1776；Coase，1937；Becker & Murphy，1992），推动经济的快速增长。学术界对生产集聚的研究大部分都集中在工业层面，比如 Krugman（1991）构建的"核心边缘理论"理论，从区域经济学的视角强调了制造业如何集聚，如何分布的问题；Long 和 Zhang（2011）研究了制造业集聚带来的资本门槛下降等问题。

只有少量的文献在农业生产领域研究集聚发展问题。早期，农业集聚被视为制造业集群的伴生物（Fujita et al.，1999），后续研究开始探索农业产业自身的特殊集聚演化路径，Eva Gálvez - Nogales（2010）研究发现在没有外部干预的情况下，农户不稳定的财政状况和对风险的厌恶特征可能会维持农村的现状。因此，农业部门的集群最有可能是由公共政策、企业赞助和外国直接投资等外部因素驱动的。类似地，McWilliams 和 Moore（2013）的研究也发现，美国玉米带作物生产的空间动态集聚过程也是外部因素驱动形成。这些研究都表明农业生产自身是难以内生形成种植集聚的，大多由外部因素推动形成。具体而言，这些外部因素包括自然禀赋、技术水平、制度环境、经济开放、劳动力成本、运输成本、政府政策等（肖卫东，2012；张晗、吕杰，2011；李二玲等，2012；王伟新等，2013；王艳荣、刘业政，2011；徐丽华等，2014），但是这些研究所涉及的影响因素太多，大多数停留在影响因素分析的层面。少数研究将集聚和专业化生产联系在一起，认为集聚现象反映了农户传统"小而全"的经营方式向专业化生产的转变，从农业专业化生产的角度对集聚形成的原因进行探讨。邹宝玲、钟文晶（2015）利用 2013 年对广东农户的问卷调查数据分析了水资源、劳动力资源、土地规模对种植种类数集中度、种植规模集中度、销售规模集中度的影响；江雪萍、李尚蒲（2015）利用同样的数据研究了土地规模、市场销售、劳动力弱质化、资本投入、村庄交通条件对集中度的影响。这部分文献尝试用更稳健的实证分析方法分析集聚原因，但是仍然没有摆脱因素分析的影子，无法对机制进行更加详细的探讨。在实证分析中，如果核心自变量过多，则无法有效地消除彼此之间的内生性问题，会导致回归方程的有偏估计，无法捕捉到准确的因果识别机制。因此，如何将农业种植集聚问题聚焦到具体且重要的影响因素上，并付诸计量经济学更稳健的实证检验，是当前研究中国农业种植集聚比较薄弱的部分。

中国自改革开放以来，历经几十年的高速发展，农业生产模式已经从传统小而全的家庭种植模式，逐渐开始转向为专业化的种植模式，农业集聚的趋势越来越明显（陆文聪等，2008；钟甫宁、刘顺飞，2007；钟甫宁、胡雪梅，2008；肖卫东，2012）。所以，中国的农业发展过程为农业集聚研究提供了一个天然的实验场所。

在农业生产领域，农户家庭选择种什么，以及如何种植，其中很关键的一个因素是农业劳动力成本的问题。中国改革开放几十年以来，工业经济迅速发展，产生了大量非熟练劳动力的市场需求，诱导了大量的农民工外出打工，蔡昉（2007）和 Zhang 等（2013）的研究表明中国已经跨越"刘易斯转折点",农业劳动力成本出现巨大飞跃。表 5 - 1 描述了 1998—2017 年三种粮食作物和六种经济作物的亩均人工成本。

1998 年三种粮食作物的人工成本在 100～170 元/亩之间,2017 年增加到 360～490 元/亩之间,20 年间,增加幅度约为 2 倍。1998 年六种经济作物的人工成本在 160～480 元/亩之间,2017 年增加到 620～3 120 元/亩之间,20 年间,增加幅度为 3～6 倍。那么,中国改革开放几十年来,劳动力成本的迅速上涨是否会影响农业集聚的形成?鉴于此问题,本文将从劳动力成本上涨的视角研究中国农业集聚的形成。

表 5 - 1　中国种植业人工成本(1998—2017 年)

单位:元/亩

年份	稻谷	小麦	玉米	油料	棉花	糖料	烟叶	苹果	甜菜
1998	163.92	106.82	137.10	167.99	353.47	249.81	421.09	474.09	170.60
2000	152.48	83.10	126.80	144.31	299.46	218.51	410.75	446.41	151.90
2005	184.54	121.34	148.38	168.83	397.43	265.68	633.01	604.67	165.78
2010	266.58	178.83	235.10	288.22	728.25	456.64	1 086.21	1 707.2	276.92
2015	508.59	364.39	468.72	630.94	1 387.75	939.43	2 228.37	3 253.8	709.64
2017	482.93	361.87	441.20	626.86	1 353.72	983.41	2 224.31	3 110.96	758.18

资料来源:国家发展和改革委员会价格司,1999—2018. 全国农产品成本收益资料汇编 [M]. 北京:中国统计出版社.

第二节　中国农业种植集聚发展情况

中国种植业产业种类多样,地区跨度大,不同的产业之间集聚发展可能有所不同,同一产业在不同的地区聚集发展可能存在差异,同一地区的一种产业随着时间推移也可能出现变化,充分考虑产业、时间、区位三个因素有助于对中国种植集聚的发展有一个较为全面的认识。出于以上思考,下文以具体的产业(粮食作物:稻谷、小麦、玉米;经济作物:油料、棉花、糖料、烟叶、苹果、甜菜[①])为分析单位,构建赫芬达尔指数来衡量产业集聚度,并从横向和纵向两个维度分析中国种植集聚的发展特点。

---

① 因为水果品种繁多,结构性问题严重,本文选用苹果代替水果;蔬菜也存在类似的问题,但是由于其他蔬菜数据没有公布,只能选用甜菜替代蔬菜。

一、集聚指标构建

赫芬达尔-赫希曼指数（HHI），简称赫芬达尔指数，是测度集聚度比较常用的指标之一，本文采用赫芬达尔指数来测度中国种植业各产业的集聚度。中国种植业各产业赫芬达尔指数的计算公式如下：

$$HHI_{nt} = \sum_{i=1}^{m} (X_{ij} / X_j)^2 \qquad (5-1)$$

其中，X_{ij} 表示第 i 个省份 j 产业的播种面积，X_j 表示 m 个省份 j 产业的播种面积之和。m 表示省份数量，j 表示不同的产业。$j=1\sim3$ 表示粮食作物细分产业：稻谷、小麦和玉米，$j=4\sim9$ 表示经济作物细分产业：油料、棉花、糖料、烟叶、苹果和甜菜。赫芬达尔指数的取值在 $[0,1]$ 之间，赫芬达尔指数的取值越接近 1，表明该产业的集聚度越大，取值越接近 0，表明该产业的集聚度越小。

赫芬达尔指数的下标 t 表示时间，t 取 1998—2017，时间跨度为 20 年，以此区分时间的变化。赫芬达尔指数的下标 n 表示地区，$n=0$ 表示全国，$n=1\sim3$ 表示东部、中部、西部三大地区，以此区分地区的变化。中东西三大地区的划分参考《中国卫生健康统计年鉴》[①]：东部地区包括北京、天津、河北、辽宁、上海、江苏、浙江、福建、山东、广东、海南 11 个省份；中部地区包括山西、吉林、黑龙江、安徽、江西、河南、湖北、湖南 8 个省；西部地区包括内蒙古、重庆、广西、四川、贵州、云南、西藏、陕西、甘肃、青海、宁夏、新疆 12 个省份。

二、中国农业种植集聚纵向发展

表 5-2 展示了 1998—2017 年中国主要粮食作物稻谷、小麦和玉米的集聚度。集聚度变化结果显示，20 年间，三大类粮食作物集聚度增长趋势明显，而且表现出集聚度水平越高，集聚度增长幅度越大的特点。小麦的 HHI 从 1998 年的 0.082 上升到 2017 年的 0.124，同比增长 51.22%；稻谷的 HHI 从 1998 年的 0.071 上升到 2017 年的 0.082，同比增长 15.58%；玉

---

① 国家卫生健康委员会，2018. 中国卫生健康统计年鉴 [M]. 北京：中国协和医科大学出版社.

米的 HHI 从 1998 年的 0.068 上升到 2017 年的 0.075，同比增长 9.97%。其中，小麦在 1998—2017 年间，无论是集聚度绝对值还是集聚度变化幅度或者是变化速度都远远高于稻谷和玉米，反映出小麦比其他粮食作物具有更加明显的集聚趋势。

表 5-2　中国粮食作物分产业 HHI（1998—2017 年）

年份	稻谷	小麦	玉米
1998	0.071	0.082	0.068
1999	0.071	0.084	0.068
2000	0.070	0.091	0.067
2001	0.070	0.095	0.069
2002	0.070	0.099	0.069
2003	0.072	0.105	0.069
2004	0.072	0.107	0.069
2005	0.073	0.106	0.069
2006	0.072	0.107	0.069
2007	0.074	0.110	0.074
2008	0.074	0.111	0.072
2009	0.074	0.107	0.072
2010	0.074	0.108	0.072
2011	0.075	0.109	0.073
2012	0.075	0.110	0.074
2013	0.075	0.112	0.075
2014	0.076	0.114	0.075
2015	0.076	0.115	0.076
2016	0.076	0.116	0.074
2017	0.082	0.124	0.075

注：赫芬达尔指数由播种面积计算得到；种植业播种面积数据来源于国家统计局。

表 5-3 展示了 1998—2017 年中国主要经济作物油料、棉花、糖料、烟叶、苹果和甜菜的集聚度。集聚度变化结果显示，20 年间，6 种经济作物集聚度也呈现出增加的趋势。其中棉花和糖料两种经济作物集聚度的绝对值和集聚度的增长幅度最大，HHI 分别从 1998 年的 0.126、0.155 上升到 2017 年的 0.496、0.362，分别上升了 293.65%、133.55%。甜菜和烟叶集聚度绝对

值和增长幅度较大，*HHI* 分别从 1998 年的 0.242、0.112 上升到 2017 年的 0.360、0.188，分别上升了 50%、67.86%。相比之下，苹果和油料集聚度的绝对值和增长幅度较小，*HHI* 分别从 1998 年的 0.120、0.058 上升到 2017 年的 0.150、0.067，分别上升了 25%、15.52%。上述结果反映了经济作物集聚现象在不同的产业间有较大分化，棉花和糖料的集聚势头更强劲，甜菜和烟叶次之，苹果和油料集聚过程则较为缓慢。

表 5-3　中国经济作物分产业 *HHI*（1998—2017 年）

年份	油料	棉花	糖料	烟叶	苹果	甜菜
1998	0.058	0.126	0.155	0.112	0.120	0.240
1999	0.057	0.146	0.173	0.114	0.120	0.230
2000	0.058	0.145	0.172	0.112	0.120	0.270
2001	0.059	0.137	0.176	0.121	0.120	0.280
2002	0.060	0.140	0.191	0.131	0.120	0.290
2003	0.059	0.136	0.233	0.131	0.130	0.330
2004	0.060	0.134	0.262	0.137	0.130	0.300
2005	0.061	0.136	0.272	0.137	0.130	0.290
2006	0.060	0.137	0.266	0.136	0.130	0.290
2007	0.066	0.157	0.350	0.160	0.140	0.280
2008	0.063	0.157	0.336	0.144	0.140	0.260
2009	0.062	0.153	0.353	0.136	0.140	0.270
2010	0.062	0.159	0.351	0.156	0.140	0.280
2011	0.062	0.169	0.351	0.163	0.140	0.280
2012	0.063	0.193	0.347	0.166	0.140	0.260
2013	0.064	0.212	0.357	0.164	0.150	0.250
2014	0.065	0.258	0.367	0.169	0.150	0.310
2015	0.066	0.291	0.359	0.161	0.150	0.350
2016	0.065	0.327	0.356	0.164	0.150	0.360
2017	0.067	0.496	0.362	0.188	0.150	0.360

注：赫芬达尔指数由播种面积计算得到；种植业播种面积数据来源于国家统计局。

图 5-1 展示了 1998—2017 年 20 年间粮食作物和经济作物集聚度增长幅度的对比情况。图表显示，粮食作物的集聚度的增长幅度均在 55.00% 以下，其中小麦的集聚增长幅度最大，为 51.22%，经济作物有三种集聚度增

幅在 55% 以下，为油料、苹果和甜菜，其他 3 种经济作物的集聚度均远远高于小麦的集聚增幅，其中棉花集聚度增幅最高，达到 293.65%。表明总体上经济作物的集聚增长速度比粮食作物更快。

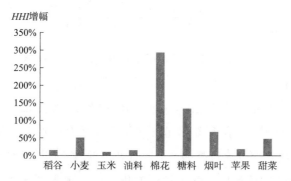

图 5-1　20 年间（1998—2017 年）粮食作物和经济作物集聚增幅对比

注：赫芬达尔指数由播种面积计算得到；种植业播种面积数据来源于国家统计局。

三、中国农业种植集聚横向变化

表 5-4 展示了 1998 年和 2017 年中国中东西三大地区主要粮食作物稻谷、小麦和玉米的集聚度。数据显示，粮食作物集聚度确实存在地区差异。东部地区三大主要粮食产业的集聚度都有所增加，和中部、西部地区相比，2017 年集聚度比较高的是稻谷和玉米，涨幅明显的稻谷达到 18.88%。中部地区，只有稻谷集聚度出现下降，和东部、西部地区相比，2017 年集聚度比较高的是小麦，增幅最大的也是小麦，达到 32.54%。西部地区，也是只有稻谷的集聚度出现下降，和中部、东部地区相比，2017 年三大产业的集聚度都不突出，涨幅比较高的玉米，达到 19.69%。分析结果表明，2017 年，东部地区三大主要粮食产业的集聚度都比较高，较之中西部地区，东部地区粮食作物的集聚优势更明显。

表 5-4　中国三大地区粮食作物分行业 *HHI* 变化（1998 VS 2017）

产业集聚度	年份	东部	中部	西部
稻谷	1998	0.196	0.193	0.227
	2017	0.233	0.181	0.214
小麦	1998	0.292	0.295	0.13
	2017	0.339	0.391	0.154

（续）

产业集聚度	年份	东部	中部	西部
玉米	1998	0.265	0.213	0.127
	2017	0.287	0.221	0.152

注：赫芬达尔指数由播种面积计算得到；种植业播种面积数据来源于国家统计局。

表 5 - 5 展示了 1998 年和 2017 年中国中东西三大地区主要经济作物油料、棉花、糖料、烟叶、苹果和甜菜的集聚度。数据显示，经济作物的集聚变化也存在地区差异。东部地区，6 种经济作物的集聚度都有所增加，和中部、西部地区相比，2017 年东部地区集聚度比较高的产业有油料、糖料和甜菜，集聚度增长幅度比较高的产业有棉花、糖料、烟叶和甜菜，增长幅度都在 30％以上。中部地区，除了糖料的集聚度出现大幅下降、棉花没有变化外，其他产业集聚度都在增加，和东部、西部地区相比，2017 年集聚度比较高的产业是苹果，集聚度增长幅度比较大的产业是苹果和烟叶，增幅在20％左右，此外棉花、糖料的集聚增长乏力，集聚度和增长幅度均落后于其他地区。西部地区 6 类作物的集聚度也都有所增加，和东部、中部地区相比，2017 年西部地区集聚度比较大的产业有棉花和烟叶，集聚度比较低的产业有油料和甜菜，除了苹果，其他产业集聚度涨幅都在 29％以上。分析结果可知，2017 年，东部地区大部分经济作物的集聚程度较中西部高，总体集聚优势强于中西部地区。

表 5 - 5　中国三大地区经济作物分行业 *HHI* 变化（1998 VS 2017）

产业集聚度	年份	东部	中部	西部
油料	1998	0.180	0.165	0.126
	2017	0.192	0.186	0.164
棉花	1998	0.291	0.260	0.689
	2017	0.410	0.260	0.969
糖料	1998	0.428	0.383	0.335
	2017	0.627	0.214	0.506
烟叶	1998	0.263	0.219	0.274
	2017	0.350	0.257	0.397
苹果	1998	0.327	0.355	0.364
	2017	0.327	0.436	0.367

（续）

产业集聚度	年份	东部	中部	西部
甜菜	1998	0.514	0.670	0.369
	2017	0.755	0.711	0.478

注：赫芬达尔指数由播种面积计算得到；种植业播种面积数据来源于国家统计局。

图5-2展示了2017年三大地区种植业集聚度对比情况。图表显示东部地区大部分种植行业的集聚度高于中西部地区，有稻谷、玉米、油料、糖料、甜菜，中部地区集聚度高于其他地区的行业是小麦和苹果，西部地区集聚度最高的行业是棉花和烟叶。表明东部地区的集聚程度总体上高于中西部地区，但是不可忽略中西部地区仍然有其集聚优势产业。

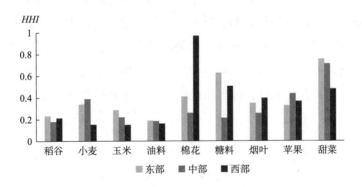

图5-2 2017年三大地区种植业集聚度对比

注：赫芬达尔指数由播种面积计算得到；种植业播种面积数据来源于国家统计局。

第三节 理 论 框 架

本章通过一个理论模型分析劳动力成本上涨和土地规模如何改变种植业的成本收益，从而影响农户的种植决策，进而对集聚造成影响的。

一、假设条件

为分析劳动力成本上涨对农户种植决策的影响，做出如下假设：

（1）分析的对象是拥有有限土地的小农户。

（2）生产两种农作物：A作物和B作物；A作物和B作物之间可以相

互替代。

（3）A、B 作物的产品价格为 P 且保持不变。

（4）A、B 两种作物单产为单位产量。

二、劳动力成本上涨改变农户种植决策

图 5-3 表示劳动力成本上涨对 A、B 两种农作物种植利润的影响。在初始状态，A 作物的生产曲线为（a）图中 AC_A，农户均在 E 点生产 A 作物，种植 A 作物的利润为（a）中①、②两部分阴影面积之和；B 作物的生产曲线为（b）图中 AC_B，农户均在 G 点生产 B 作物，种植 B 作物的利润为（b）中阴影部分③的面积。对比 A、B 作物，发现 A、B 作物的种植的利润并不相同，在价格相同的情况下，A 作物的平均成本曲线更低，种植面积相同的情况下获得的利润更多。但是传统小农户依然选择同时种植 A、B 两种农作物，原因在于信息不对称情况存在，传统小农户倾向于通过多样化种植的方式分散市场风险，抵御不确定性（薛宇峰，2008；Emran & Shilpi，2012）。

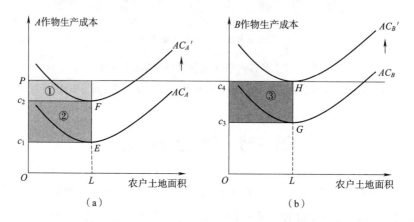

图 5-3　劳动力生产成本上升对 A、B 两种农作物利润的影响

在其他条件不变的情况下，考虑劳动力生产成本上涨。农作物生产成本由物质生产费用和劳动力成本两部分组成，物质生产费用不变，劳动力成本上涨导致农作物生产成本以相同的幅度上升。A 作物的生产曲线由 AC_A 上移至 AC_A'，且 AC_A' 仍与 A 作物价格曲线有交点，A 作物的利润空间由①、②两部分阴影面积之和被压缩到阴影部分①的面积。B 作物的生产曲线由

AC_B 上移至 $AC_B{}'$，且 $AC_B{}'$ 上升到与 B 作物价格曲线相切的位置，B 作物的利润空间由阴影部分③的面积被压缩到零。此时，种植 A 作物依然可以获得利润，种植 B 作物的利润为零，理性小农户将放弃 B 作物的种植，把所有的土地都用来种植 A 作物。此时，小农户只种植一种农作物，在种植方式上表现为专业化的种植。

以上分析框架表明：劳动力成本的上涨会诱导小农户由多样化种植转变为专业化生产，当一个地区的农户都从多样化种植变为专业种植同一种农作物，就会促进该种植产业集聚。由于不同地区种植业的比较优势不同，因此在全国范围内形成不同农业产业在不同地区集聚的生产格局。根据以上分析，本文提出第一个假设：

假设 1：在其他条件不变的情况下，劳动力成本上涨会促进粮食作物和经济作物的集聚。

此外，因为规模经济的存在，土地规模越大，通过专业化生产降低成本越有优势，所以，在土地规模更大的地区，农户更倾向于通过转变多样化种植转变为专业化生产来应对劳动力成本上涨对种植收益的冲击，这将进一步加强在劳动力成本上涨对种植集聚的促进效应，据此本文提出第二个假设：

假设 2：在其他条件不变的情况下，土地规模扩大会强化劳动力成本上涨对粮食作物和经济作物集聚的促进效应。

第四节 实 证 分 析

一、模型构建和变量描述

根据以上分析，本文将劳动力成本作为集聚度的核心解释量，并把体现农业资源禀赋的变量列为控制变量，构建如下的计量回归模型：

$$Y_t = \beta_0 + \beta_1 X_t + \beta_2 Z_{it} + \alpha_i + \varepsilon_{it} \tag{5-2}$$

其中，下标"t"表示年份，下标"i"表示省份。Y_t 是被解释变量，即 9 个种植行业 1998—2017 年的集聚度。X_t 是核心解释变量，即 9 个种植行业 1998—2017 年人工成本（元/亩）。Z_{it} 是控制变量，包括 31 个省份

1998—2017 年的二三产业的 GDP 占比、人口乡村人口数（万人）、农业机械总动力（万千瓦）、耕地面积（千公顷）和有效灌溉面积（千公顷）。β_0 是常数项，β_1 是核心解释变量的估计系数，β_2 是控制变量的估计系数，α_i 为省级固定效应，ε_{it} 为随机干扰项。在回归方程中，除了集聚度和二三产业的 GDP 占比之外，其他变量均取对数。回归方程中变量的基本统计值见表 5-6。

表 5-6 变量基本统计值

变量名	平均值	最小值	最大值	标准差	样本数
稻谷劳动力成本（元/亩）	281.65	152.48	508.59	139.38	611
小麦劳动力成本（元/亩）	192.83	83.10	370.99	108.00	611
玉米劳动力成本（元/亩）	249.04	126.80	474.68	137.75	611
油料劳动力成本（元/亩）	313.23	136.99	637.50	195.55	611
棉花劳动力成本（元/亩）	717.01	291.29	1 408.39	437.01	611
糖料劳动力成本（元/亩）	483.62	218.51	983.41	287.10	611
烟叶劳动力成本（元/亩）	1 109.18	392.12	2 318.69	731.35	611
苹果劳动力成本（元/亩）	1 487.39	387.82	3 369.15	1 107.00	611
甜菜劳动力成本（元/亩）	331.47	142.35	758.30	223.51	611
二三产业 GDP 占比	0.87	0.62	1.00	0.07	611
人口乡村人口数（万人）	2 448.54	213.30	8 000.70	1 841.50	611
农业机械总动力（万千瓦）	2 555.30	91.50	13 353.02	2 591.93	611
耕地面积（千公顷）	4 134.14	111.10	15 864.10	2 893.78	611
有效灌溉面积（千公顷）	1 895.66	115.48	6 030.97	1 480.40	611

数据来源：原始数据来源于国家统计局。

二、估计结果及分析

表 5-7 反映了劳动力成本上涨对粮食作物集聚度变化的影响，包括 3 个回归方程。回归（1）～（3）的因变量分别为稻谷、小麦和玉米的集聚度。回归过程都控制了省份固定效应，以控制难以观察到又确实对回归结果产生影响的因素。估计结果显示，反映劳动力成本上涨的变量的系数在 3 个回归方程中都为正向，且高度显著，表明劳动力成本的上涨会促进粮食作物稻谷、小麦和玉米的集聚。

表 5-7 粮食作物基准回归

	(1) 稻谷	(2) 小麦	(3) 玉米
ln_稻谷人工成本	0.004***		
	(14.43)		
ln_小麦人工成本		0.005***	
		(6.84)	
ln_玉米人工成本			0.003***
			(16.88)
ln_人均耕地面积	−0.000	0.005**	−0.001***
	(−0.74)	(2.41)	(−3.89)
二三产业 GDP 占比	0.017***	0.124***	0.009***
	(4.77)	(8.77)	(4.64)
ln_乡村人口数	−0.002***	−0.004	−0.004***
	(−4.35)	(−1.52)	(−8.68)
ln_农业机械总动力	−0.001	0.003	0.002***
	(−1.24)	(1.50)	(5.34)
ln_有效灌溉面积	0.001	−0.005*	−0.001*
	(1.57)	(−1.72)	(−1.93)
Observations	611	611	611
r2_a	0.772	0.710	0.869
AIC	−6.4e+03	−4.6e+03	−6.6e+03

注:***、**和*分别表示在 1%、5%、10%的统计水平上显著;括号中显示的是 t 值。

表 5-8 反映了劳动力成本上涨对经济作物集聚度变化的影响,包括 6 个回归方程。回归(1)～(6)的因变量分别为油料、棉花、糖料、烟叶、苹果和甜菜的集聚度。回归过程都控制了省份固定效应,以控制难以观察到又确实对回归结果产生影响的因素。估计结果显示,反映劳动力成本上涨的变量的系数在 6 个回归方程中也都显著为正,表明劳动力成本的上涨会促进经济作物油料、棉花、糖料、烟叶、苹果和甜菜的集聚。

表 5-8 经济作物基准回归

	(1) 油料	(2) 棉花	(3) 糖料	(4) 烟叶	(5) 苹果	(6) 甜菜
ln_油料人工成本	0.002***					
	(9.24)					

（续）

	(1)	(2)	(3)	(4)	(5)	(6)
ln_棉花人工成本		0.138***				
		(14.45)				
ln_糖料人工成本			0.030***			
			(5.86)			
ln_烟叶人工成本				0.023***		
				(18.21)		
ln_苹果人工成本					0.010***	
					(37.46)	
ln_甜菜人工成本						0.038***
						(11.86)
ln_人均耕地面积	0.000	0.095***	−0.044***	0.002	−0.003***	0.057***
	(0.08)	(5.26)	(−4.72)	(1.06)	(−4.93)	(5.04)
二三产业GDP占比	0.018***	0.263*	0.598***	0.116***	0.029***	0.323***
	(6.31)	(1.92)	(8.05)	(6.14)	(5.74)	(5.27)
ln_乡村人口数	−0.003***	0.089***	−0.142***	−0.003	−0.005***	0.090***
	(−5.00)	(3.43)	(−9.36)	(−0.85)	(−5.33)	(7.18)
ln_农业机械总动力	0.001**	−0.116***	0.066***	−0.000	0.004***	−0.035***
	(2.05)	(−5.77)	(6.89)	(−0.02)	(5.97)	(−4.50)
ln_有效灌溉面积	−0.001	0.091***	−0.038**	−0.004	−0.004***	−0.005
	(−1.28)	(3.34)	(−2.34)	(−0.97)	(−3.90)	(−0.38)
Observations	611	611	611	611	611	611
r2_a	0.738	0.579	0.805	0.839	0.952	0.335
AIC	−6.3e+03	−1.8e+03	−2.4e+03	−4.1e+03	−5.8e+03	−2.6e+03

注：***、**和*分别表示在1%、5%、10%的统计水平上显著；括号中显示的是 t 值。

第五节 农户土地异质性分析

本章在基准回归结果的基础上加入土地规模与核心解释变量的交叉项，以此检验基准回归结果的稳健性，并进一步探讨土地规模对劳动力成本上涨对农业种植集聚促进效应的影响。

表5-9加入土地规模与核心解释变量的交叉项，反映了土地规模作用

下劳动力成本上涨和非农经济发展对粮食作物集聚度变化的影响。包括3个回归方程。回归（1）～（3）的因变量分别为稻谷、小麦和玉米的集聚度。回归过程都控制了省份固定效应，以控制难以观察到又确实对回归结果产生影响的因素。估计结果显示，反映劳动力成本上涨的变量的系数在3个回归方程中都为正向，且高度显著，表明劳动力成本的上涨会促进粮食作物稻谷、小麦和玉米的集聚，这与基准回归的结果一致。

表 5 - 9　粮食作物异质性检验

	(1)	(2)	(3)
	稻谷	小麦	玉米
ln＿人工成本	0.003***	0.004***	0.003***
	(12.56)	(5.14)	(14.37)
人均耕地面积×ln＿人工成本	0.001**	0.003***	0.000
	(2.06)	(2.74)	(1.59)
人均耕地面积	−0.004*	−0.012**	−0.002
	(−1.77)	(−2.09)	(−1.58)
第二、三产业占GDP的比重	0.020***	0.137***	0.009***
	(5.18)	(9.13)	(4.52)
ln＿乡村人口数	−0.002***	−0.007***	−0.003***
	(−4.21)	(−3.66)	(−7.34)
ln＿农业机械总动力	−0.001*	0.002	0.001***
	(−1.86)	(1.01)	(4.74)
ln＿有效灌溉面积	0.001	−0.005*	−0.001***
	(1.26)	(−1.69)	(−2.62)
Observations	611	611	611
r2＿a	0.777	0.712	0.866
AIC	−6.4e+03	−4.6e+03	−6.6e+03

注：***、**和*分别表示在1%、5%、10%的统计水平上显著；括号中显示的是t值；土地规模采用虚拟变量，1＝土地规模大于总样本土地规模均值，0＝土地规模小于等于总样本土地规模均值。

劳动力成本与土地规模的交叉项系数在方程（1）～（3）中都为正，且在方程（1）～（2）中高度显著，表明土地规模会进一步强化劳动力成本上涨粮食作物（尤其是稻谷、小麦）集聚的促进效应。

表 5 - 10 加入土地规模与核心解释变量的交叉项，反映了土地规模作用

下劳动力成本上涨对经济作物集聚度变化的影响。包括 6 个回归方程。回归
（1）～（6）的因变量分别为油料、棉花、糖料、烟叶、苹果和甜菜的集聚
度。回归过程都控制了省份固定效应，以控制难以观察到又确实对回归结果
产生影响的因素。估计结果显示，反映劳动力成本上涨的变量的系数在 6 个
回归方程中也都为正向，且高度显著，表明劳动力成本的上涨会促进经济作
物油料、棉花、糖料、烟叶、苹果和甜菜的集聚，这与基准回归的结果
相符。

表 5－10 经济作物异质性检验

	(1)	(2)	(3)	(4)	(5)	(6)
	油料	棉花	糖料	烟叶	苹果	甜菜
ln_人工成本	0.002***	0.118***	0.029***	0.022***	0.010***	0.031***
	(7.20)	(11.47)	(5.18)	(16.09)	(36.34)	(7.86)
人均耕地面积♯ln_人工成本	0.001***	0.029**	0.009	0.002	0.000	0.014**
	(2.63)	(2.20)	(1.47)	(1.55)	(0.89)	(2.44)
人均耕地面积	−0.004**	−0.137	−0.062	−0.014	−0.002	−0.058*
	(−2.18)	(−1.59)	(−1.54)	(−1.30)	(−1.04)	(−1.75)
第二、三产业占 GDP 的比重	0.020***	0.483***	0.586***	0.128***	0.027***	0.423***
	(6.97)	(3.20)	(7.77)	(6.43)	(5.15)	(6.45)
ln_乡村人口数	−0.003***	0.012	−0.115***	−0.006*	−0.004***	0.048***
	(−5.40)	(0.50)	(−8.08)	(−1.71)	(−3.88)	(4.96)
ln_农业机械总动力	0.001	−0.124***	0.062***	−0.001	0.004***	−0.039***
	(1.48)	(−6.15)	(6.25)	(−0.27)	(5.32)	(−4.72)
ln_有效灌溉面积	−0.001	0.103***	−0.051***	−0.004	−0.005***	0.003
	(−1.60)	(3.65)	(−3.05)	(−1.08)	(−4.66)	(0.23)
Observations	611	611	611	611	611	611
r2_a	0.741	0.575	0.798	0.840	0.951	0.302
AIC	−6.3e+03	−1.8e+03	−2.4e+03	−4.1e+03	−5.8e+03	−2.6e+03

注：***、**和*分别表示在1%、5%、10%的统计水平上显著；括号中显示的是 t 值；土地规模
采用虚拟变量，1＝土地规模大于总样本土地规模均值，0＝土地规模小于等于总样本土地规模均值。

劳动力成本与土地规模的交叉项系数在方程（1）～（6）中都为正，且
在方程（1）、（2）、（6）中高度显著，表明土地规模会进一步强化劳动力成
本上涨经济作物（尤其是油料、棉花、甜菜）集聚的促进效应。

第六节　结　　论

本文利用 1998—2017 年中国省级种植面积数据，计算了中国农业种植面积的 Herfindahl – Hirschman 指数，研究了劳动力成本上升对中国农业集聚的影响。结论如下：

（1）从 1998 年到 2017 年的 20 年间，我国农业作物集聚现象不断加剧。纵向分析表明，近 20 年来，粮食作物和经济作物的集聚度呈上升趋势，经济作物的集聚趋势比粮食作物更为明显。横向分析表明，三个地区的粮食作物和经济作物表现出不同的特点。

（2）实证结果表明，劳动力成本的增加将显著促进粮食作物和经济作物的集聚。劳动力成本的上升将促使农民替代农作物，农民的生产方式将从多样化种植向专业化种植转变，这最终在宏观上表现为种植作物的集聚。

（3）实证结果还表明，土地规模将进一步强化劳动力成本对我国农业集聚的促进作用。在土地规模较大的地区，专业化生产降低种植成本的效益更为明显，农民更倾向于通过将多样化种植转变为专业化生产来应对劳动力成本上升对种植业收入的负面影响。

第六章　中国农业机械化发展对粮食播种面积的影响[*]

本文利用农村固定观察点的农户调查数据，研究了中国农业机械化发展对农户粮食播种面积的影响。研究结果表明：农户在粮食生产过程中是否使用农业机械化服务，对粮食播种面积都不会有显著影响；但是，不断上涨的每亩农业机械作业费用会降低农户粮食作物播种面积及其在农作物总播种面积中的占比；如果农户地处平原地区，每亩农业机械作业费用上涨对该类农户粮食播种面积和占比的负向影响将会被削弱。

第一节　引　　言

2016 年中央 1 号文件着重突出要"推进农业供给侧结构性改革"，重要目标之一就是从农业供给角度调整播种结构和提升产品质量以满足市场需求。如何在供给侧结构性改革的背景下调整和发展粮食生产，是一个亟待研究的大问题。

近些年来，随着大量农业劳动力不断向城市转移，农村社会出现了一个重要的现象，即农村内部农业机械化服务市场广泛形成。在供给层面，江苏、山东和安徽等地的专业农民通过自发购买大型农业机械（如水稻插秧机、联合收割机）在全国范围内进行跨区作业，为各地农民提供农业机械化

---

* 本文研究受到国家自然科学基金青年项目"农业供应链金融实证研究：机理、影响与政策选择"（项目编号：71603141）、国家自然科学基金青年项目"创业榜样对农村创业意愿的影响机制研究"（项目编号：71403198）、教育部人文社会科学重点研究基地项目"劳动力结构变迁对中国农业生产与农民收入的影响与对策"（项目编号：15JJD790033）的资助。

服务；在需求层面，由于劳动力价格不断上涨，各地农户也逐渐开始广泛使用本地或跨区的农业机械化服务进行粮食生产，以缓解其面临的劳动力约束（曹阳、胡继亮，2010；陈超等，2012，Ji et al.，2017）。农业机械对劳动力的替代实际上打破了中国以劳动投入为主的传统粮食生产方式，它是否会对粮食生产造成影响？这需要进行深入和细致的理论和实证分析。本文将从农户粮食播种面积调整的视角进行研究，以期为中国当前推动农业机械化发展和农业供给侧结构性改革提供政策依据。

　　学术界目前对粮食播种面积变化的研究文献较少，对粮食播种面积变化的分析主要放在粮食种植结构的框架下进行研究。如伍山林（2000）研究了中国粮食播种面积的区域特征和成因，陆文聪、梅燕（2007）利用空间计量经济学模型研究了中国粮食生产区域格局变化的成因，他们的研究大致得出中国各省粮食播种面积变化已呈现动态变化趋势的结论，尤其是各地非农就业劳动力数量较大程度地影响了其粮食种植结构。杨进等（2016）研究了劳动力价格上涨和农业劳动力老龄化对粮食种植结构的影响，认为劳动力价格上涨对粮食种植结构有显著影响，而劳动力老龄化的影响不显著。目前还没有文献研究中国农业机械化发展对粮食播种面积变化的影响，究其原因，主要是因为中国农业机械化的研究目前还处于比较薄弱的状态，农业机械化带来的系列影响刚进入学者们的视野，大多数研究主要讨论农业机械化发展现状和理论机制层面（例如曹阳、胡继亮，2010；周晶等，2013；Wang et al.，2014）。另外，数据也是一个主要问题。农业机械化相关数据在以往的统计年鉴中尚未有系统性的收集，尽管《中国农业机械化年鉴》公布了部分农业机械化发展指标，但是主要是全国数据，缺乏省级、市级、县级和农户层面的微观数据，全国的数据只能进行描述性统计，无法用于实证研究，而大规模搜集农户数据又较为困难，尤其研究中国整体的粮食播种面积变化情况，更需要分布在不同省份的大样本农户调查数据。

　　研究农业机械化发展对粮食播种面积的影响，需要先定义农业机械化。曹阳、胡继亮（2010）提出："农业机械化从本质上讲，既不是农业机械的简单堆积，也不是农业劳动力的多寡，而是农民在农业生产各环节能享受到的农机服务率。"Yang 等（2013）和 Zhang 等（2017）的研究也表明，目前中国农户在粮食生产环节中所使用的机械作业大多数不是通过自己购买农业机械，而是使用农村地区广泛出现的农业机械化服务。他们的研究表明，对于中国农业机械化的发展，尤其是粮食作物生产农业机械化的发展，选取农户是否使用了农业机械化服务这个指标来表征比较合适。本文也将采取这一思路，选取农户是否使用农业机械化服务来表征农业机械化发展。

本文将农业机械化发展对粮食播种面积变化的影响分解成两个问题：其一，随着劳动力成本提高，农户可以用农业机械替代劳动力进行粮食生产。那么，农业机械对劳动力的替代是促使农户维持还是增加粮食播种面积比例？即农户使用农业机械替代劳动力是否会影响粮食播种面积？其二，中国农业依然实行土地细碎化的经营模式，在粮食生产过程中绝大多数小农户仍是通过市场获得农业机械化服务。由于农业机械化服务市场波动以及农户在粮食生产中越来越多地使用农业机械化服务，粮食生产的每亩农业机械作业费用会不断变化，那么，单位面积的农业机械作业成本变化是否会影响农户粮食播种面积？

为了回答这两个问题，本文将分别使用两套微观农户数据进行分析：其一，研究农户是否使用农业机械化服务对其粮食播种面积的影响，本文使用2013年农村固定观察点的农业机械化专项调查数据。该调查涉及江苏、浙江、江西、湖北、四川、甘肃、黑龙江、山东8个省份，共计5 495个有效样本。因这套专项调查问卷设置了独立指标来表征农户是否使用了农业机械化服务，恰好适用于本文研究农户使用农业机械化服务对粮食播种面积的影响。其二，研究每亩农业机械作业费用变化对农户粮食播种面积的影响，本文使用农村固定观察点2009—2014年的农户调查大样本面板数据。该数据库是1984年经中共中央书记处批准设立，于1986年正式建立并运行至今，采用分层抽样的方式，按照经济发展水平在各个省平均选取10个县，每个县选取10个村庄，然后每个村庄再分层抽样大约500个农户样本（不同地区之间样本数量存在一定差异）。该数据库详细记录了农户的农业生产和消费的各方面经济情况，每年调查农户数量约23 000户。

第二节　中国粮食播种面积变化和农业机械化发展

一、中国粮食播种面积变迁

表6-1描述了中国粮食播种面积变化。中国粮食播种面积从1990年的

11 346.6 万公顷下降到 2005 年的 10 427.8 万公顷，其后开始呈现上升趋势，上升到 2014 年的 11 272.3 万公顷。稻谷播种面积从 1985 年的 3 207 万公顷下降到 2014 年的 3 031 万公顷。其中，1985—2005 年期间下降趋势较为严重，2005 年后开始呈现上涨趋势，到 2014 年稻谷播种面积达到 3 031 万公顷。小麦播种面积处于一直下降的趋势，从 1985 年的 2 921.8 万公顷下降到 2014 年的 2 406.9 万公顷；玉米播种面积呈现上升的过程，从 1985 年的 1 769.4 万公顷增加到 2014 年的 3 712.3 万公顷。

表 6-1　中国粮食播种面积变化

单位：万公顷

年份	粮食作物	稻谷	小麦	玉米
1985	10 884.5	3 207.0	2 921.8	1 769.4
1990	11 346.6	3 306.4	3 075.3	2 140.1
1995	11 006.0	3 074.4	2 886.0	2 277.6
2000	10 846.3	2 996.2	2 665.3	2 305.6
2005	10 427.8	2 884.7	2 279.3	2 635.8
2006	10 495.8	2 893.8	2 361.3	2 846.3
2007	10 563.8	2 891.9	2 372.1	2 947.8
2008	10 679.3	2 924.1	2 361.7	2 986.4
2009	10 898.6	2 962.7	2 429.1	3 118.3
2010	10 987.6	2 987.3	2 425.7	3 250.0
2011	11 057.3	3 005.7	2 427.0	3 354.2
2012	11 120.5	3 013.7	2 426.8	3 503.0
2013	11 195.6	3 031.2	2 411.7	3 631.8
2014	11 272.3	3 031.0	2 406.9	3 712.3

数据来源：国家统计局，2015. 中国统计年鉴 2015 ［M］. 北京：中国统计出版社.

二、中国农业机械化发展

1978 年，全国农业机械总动力为 11 750 万千瓦，到 2014 年增加为 108 056 万千瓦，可见农业机械化发展之迅速。除了机械动力外，农用拖拉机数量也常常被视为农业机械化发展较为重要的指标。图 6-1 中的实线反映了 1978—2014 年农用拖拉机的数量变化，小型拖拉机台数的增长趋势较为平滑，从 1978 年的 137.3 万台增加至 2014 年的 1 729.77 万台。

图 6-1 中的虚线反映了大中型拖拉机台数的变化，大中型拖拉机台数从 2004 年开始出现快速上涨的趋势，从 2004 年的 111.83 万台增加至 2014 年的 567.95 万台。根据蔡昉（2007）、Cai 和 Wang（2010）、Zhang 等（2011）和 Yang 等（2013）的研究，中国劳动力工资在 2004 年开始急剧上涨，同时中国农业机械化也出现快速发展的趋势。

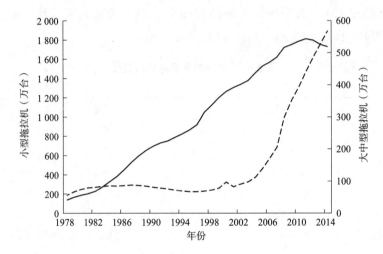

图 6-1　1978—2014 年农用拖拉机数量变化

数据来源：国家统计局，2015. 中国统计年鉴 2015 [M]. 北京：中国统计出版社.

表 6-2 反映了水稻、小麦和玉米每亩农业机械作业费用的变化情况。2007—2015 年，水稻每亩农业机械作业费用从 61.88 元增加至 175.68 元，上涨了 1.84 倍；小麦每亩农业机械作业费用从 67.11 元上涨至 131.13 元，上涨了 0.95 倍；玉米每亩农业机械作业费用从 34.34 元上涨至 111.98 元，上涨了 2.26 倍。从每亩农业机械作业费用在每亩物资与服务费用中的占比来看，2007—2015 年，水稻该占比从 0.23 上涨到 0.38，小麦从 0.28 上涨到 0.32，玉米从 0.18 上涨到 0.31。

表 6-2　全国水稻、小麦和玉米每亩农业机械作业费用变化

年份	每亩农业机械作业费用（元）			每亩农业机械作业费用占比		
	水稻	小麦	玉米	水稻	小麦	玉米
2007	61.88	67.11	34.34	0.23	0.28	0.18
2008	81.79	82.00	43.13	0.25	0.30	0.18
2009	87.71	82.77	47.31	0.27	0.27	0.20

（续）

年份	每亩农业机械作业费用（元）			每亩农业机械作业费用占比		
	水稻	小麦	玉米	水稻	小麦	玉米
2010	104.87	91.83	58.12	0.30	0.29	0.23
2011	125.04	100.41	70.15	0.32	0.29	0.23
2012	147.14	112.07	84.23	0.34	0.29	0.25
2013	159.83	119.62	95.31	0.36	0.29	0.27
2014	170.54	126.60	105.11	0.38	0.31	0.30
2015	175.68	131.13	111.98	0.38	0.32	0.31

数据来源：国家发展和改革委员会价格司，2008—2016.全国农产品成本收益资料汇编［M］.北京：中国统计出版社.

表 6-3 从农户需求层面反映了小麦、水稻和玉米生产过程中使用农业机械化服务的农户比例。从机耕水平来看，小麦和水稻机耕的农户比例都超过 89%，玉米机耕的农户比例接近 70%；从机播水平来看，小麦和玉米机播的农户比例都达到了 80%，水稻机播的农户比例接近 40%；从机收水平来看，小麦机收的农户比例在 2014 年达到 93%，水稻机收的农户比例达到 83%，玉米机收的农户比例为 56%。

表 6-3　小麦、水稻和玉米生产过程中使用农业机械化服务的农户比例

项目		2011	2012	2013	2014
机耕	小麦	0.90	0.91	0.89	0.90
	水稻	0.90	0.94	0.96	0.97
	玉米	0.65	0.69	0.69	0.69
机播	小麦	0.86	0.86	0.87	0.87
	水稻	0.26	0.32	0.36	0.39
	玉米	0.80	0.82	0.84	0.84
机收	小麦	0.91	0.91	0.92	0.93
	水稻	0.69	0.74	0.79	0.83
	玉米	0.34	0.42	0.50	0.56

数据来源：农业部南京农业机械化研究所，2011—2014.中国农业机械化年鉴［M］.北京：中国农业科学技术出版社.

综合来看，无论是从全国农业机械总动力，还是从每亩农业机械作业费用和使用农业机械化服务的农户比例角度来看，目前中国农业机械化发展已经达到很高水平，而且使用农业机械化服务的单位成本也日益提高。

第三节　微观农户基本情况描述

一、样本农户粮食播种面积变化

表6-4反映了2009—2014年样本农户水稻、小麦和玉米3种主粮作物播种面积的变化情况,播种面积的标准差在4.5左右,播种面积占比的标准差在0.35左右。从纵向来看,户均粮食播种面积从2009年的3.58亩下降到2014年的2.86亩;户均粮食播种面积占比变化较小,2009—2014年处于0.72左右波动。

表6-4　农户粮食播种面积变化情况

项目	年份	均值	最小值	最大值	样本数	标准差
播种面积(亩)	2009	3.58	0.00	35.00	21 168	4.62
	2010	3.62	0.00	34.00	20 568	4.71
	2011	3.39	0.00	33.00	19 926	4.58
	2012	3.42	0.00	31.00	20 010	4.58
	2013	3.16	0.00	32.00	20 425	4.47
	2014	2.86	0.00	31.50	20 640	4.33
播种面积占比	2009	0.72	0.00	1.00	14 634	0.35
	2010	0.74	0.00	1.00	13 998	0.35
	2011	0.72	0.00	1.00	13 365	0.37
	2012	0.73	0.00	1.00	13 130	0.36
	2013	0.72	0.00	1.00	12 828	0.37
	2014	0.72	0.00	1.00	12 049	0.37

注:表6-4反映了样本农户2009—2014年水稻、小麦和玉米播种面积的下降趋势,与表6-1所反映的全国变化趋势有一定差异,主要是因为农村固定观察点数据包含了大量的小规模农户样本,而没有涉及近几年因土地流转而形成的大农户、大农场样本。

数据来源:2009—2014年农村固定观察点数据。

二、样本农户使用农业机械化服务情况

表6-5反映了2013年农户在耕地和收割两个粮食生产环节中使用农业机械化服务的基本情况。在耕地环节,有28%的农户使用了农业机械化服务;在收割环节,有27%的农户使用了农业机械化服务;在耕地或收割环节,共有33%的农户使用了农业机械化服务,即农户要么在耕地环节,要

么在收割环节中使用了农业机械化服务。

表6-5　使用农业机械化服务的农户比例

项目	均值	最小值	最大值	样本数	标准差
耕地环节	0.28	0.00	1.00	5 495	0.45
收割环节	0.27	0.00	1.00	5 495	0.44
综合	0.33	0.00	1.00	5 495	0.47

注：①表6-5反映了使用农业机械化服务的农户比例，低于表6-3所反映的全国平均水平，这主要是因为农村固定观察点数据所包含的大多是小规模农户样本，这些农户较少使用农业机械化服务；②由于农村固定观察点农业机械化专项调查只涵盖了小麦和水稻，故表6-5只反映了小麦和水稻生产中使用农业机械化服务的农户比例，下同。

数据来源：2013年农村固定观察点农业机械化专项调查数据。

表6-6反映了2009—2014年样本农户粮食生产中每亩农业机械作业费用[①]的变化情况，每亩农业机械作业费用从2009年的55.46元/亩上涨到2014年的79.89元/亩。可见，随着时间变化，粮食生产中使用农业机械化服务的成本越来越高。

表6-6　农业机械作业费用的变化情况

单位：元/亩

年份	均值	最小值	最大值	样本数	标准差
2009	55.46	0.00	290.00	12 486	40.14
2010	58.42	0.00	252.67	12 007	41.14
2011	59.96	0.00	228.15	11 180	37.60
2012	66.20	0.00	416.49	11 069	45.84
2013	72.08	0.00	453.38	10 571	49.64
2014	79.89	0.00	329.13	9 913	52.96

数据来源：2009—2014年农村固定观察点数据。

第四节　农户使用农业机械化服务对粮食播种面积的影响分析

本部分使用倾向得分匹配法（PSM）分析农户使用农业机械化服务对

① 本文选取了水稻、小麦和玉米三种主要粮食作物，先计算户级层面每种粮食作物的每亩农业机械作业费用，然后取三者的平均以表征总体粮食作物的每亩农业机械作业费用，最后再取样本村中所有样本农户的中值。这样处理可以消除单个农户在支付农业机械作业费用时可能发生的讨价还价等行为，通过反映村庄内每亩农业机械作业费用的中值水平，以克服内生性问题。

粮食播种面积的影响。首先，利用离散回归模型估计每个农户使用农业机械化服务的倾向得分；然后根据每个农户的倾向得分情况，再利用就近匹配原则[①]，将农户分成实验组和对照组；最后，在实验组和对照组之间对比分析农户粮食播种面积差异，进行 t 检验离散回归方程的表达式如下：

$$\text{Prob}(T=1 \mid X) = e^{ax}/(1+e^{ax}) \qquad (6-1)$$

其中，$T=1$，表示农户使用农业机械化服务，$T=0$，表示农户不使用农业机械化服务；X 表示影响农户使用农业机械化服务的相关因素；$e^{ax}/(1+e^{ax})$ 为积累分布函数。

平均处理效应（ATT）可表示为：

$$ATT = E(Y_1 - Y_0 \mid T=1) = E(Y_1 \mid T=1) - E(Y_0 \mid T=1) \quad (6-2)$$

其中，Y_1 和 Y_0 分别表示农户使用和不使用农业机械化服务的粮食播种面积[②]。

在粮食生产中，耕地和收割是劳动较为繁重的两个环节。为了使估计结果更为稳健，本文根据这两个生产环节的农业机械化服务使用情况，将实验组的样本分成 4 种情形：①在耕地环节使用、在收割环节不使用农业机械化服务的农户样本；②在收割环节使用、在耕地环节不使用农业机械化服务的农户样本；③在耕地环节或收割环节使用农业机械化服务的农户样本；④在耕地环节和收割环节同时使用农业机械化服务的农户样本。本文以耕地环节和收割环节中都不使用农业机械化服务的农户样本为对照组。

表 6-7 反映了农户在小麦生产过程中使用农业机械化服务在 4 种情形下的播种面积平均处理效应（ATT）。从结果来看，在 4 种情形下 ATT 值都不显著（绝对值大于 1.65 时在 10% 的统计水平上显著），说明农户使用农业机械化服务并不影响小麦播种面积。

---

① 计算不同农户的倾向得分后，有多种匹配方法，包括邻近匹配、半径匹配和核匹配等。基于篇幅，下文主要展示邻近匹配的结果，其他匹配结果大致相同。

② 由于本部分使用 2013 年农村固定观察点农业机械化专项调查数据进行分析，该专项调查没有包括玉米生产中的农业机械化服务使用情况，所以，下文分析也将只针对小麦和水稻生产过程中的农业机械化服务使用情况。

表6-7　小麦生产过程中农户选择使用农业机械化服务对播种面积的平均处理效应

项目	实验组	对照组	差异	标准差	ATT 值
耕地环节	2.86	2.97	−0.11	0.45	−0.25
收割环节	2.37	2.51	−0.14	0.54	0.75
耕地环节和收割环节	2.73	2.38	0.36	0.31	1.15
耕地环节或收割环节	2.62	2.24	0.38	0.44	0.40

表6-8反映了农户在水稻生产过程中使用农业机械化服务在4种情形下的平均处理效应（ATT）。从结果来看，在4种情形下 ATT 值都不显著（绝对值大于1.65时在10%的统计水平上显著），说明农户选择使用农业机械化服务并不影响水稻播种面积[①]。

表6-8　水稻生产过程中农户选择使用农业机械化服务对播种面积的平均处理效应

项目	实验组	对照组	差异	标准差	ATT 值
耕地环节	2.30	2.08	0.23	0.40	0.58
收割环节	2.75	2.78	−0.03	0.62	0.82
耕地环节和收割环节	2.63	2.69	−0.06	0.57	0.92
耕地环节或收割环节	2.53	2.45	0.08	0.82	0.68

表6-9反映了农户在小麦生产过程中使用农业机械化服务在4种情形下的播种面积占比的平均处理效应（ATT）。从结果来看，在4种情形下 ATT 值都不显著（绝对值大于1.65时在10%的统计水平上显著），说明农户使用农业机械化服务并不影响小麦播种面积占比。

表6-9　小麦生产过程中农户选择使用农业机械化服务对播种面积占比的平均处理效应

项目	实验组	对照组	差异	标准差	ATT 值
耕地环节	0.52	0.55	−0.03	0.06	−0.60
收割环节	0.55	0.54	0.01	0.04	0.27
耕地环节和收割环节	0.57	0.65	−0.08	0.11	−0.72
耕地环节或收割环节	0.53	0.56	−0.03	0.04	−0.67

表6-10反映了农户在水稻生产过程中使用农业机械化服务在4种情形

[①]　由于篇幅所限，本文略去了匹配前后农户使用农业机械化服务与否的倾向得分对比图。该图显示，在4种情形下，匹配前实验组和对照组使用农业机械化服务的倾向得分差异较大，而匹配后实验组和对照组的倾向得分则非常接近。有兴趣的读者可向笔者索取。

下的平均处理效应（*ATT*）。从结果来看，在 4 种情形下 *ATT* 值都不显著（绝对值大于 1.65 时在 10% 的统计水平上显著），说明农户选择使用农业机械化服务并不影响水稻播种面积占比。

表 6-10　水稻生产过程中农户选择使用农业机械化服务对播种面积占比的平均处理效应

项目	实验组	对照组	差异	标准差	*ATT* 值
耕地环节	0.72	0.74	-0.01	0.07	-0.23
收割环节	0.79	0.79	0.00	0.05	0.00
耕地环节和收割环节	0.76	0.72	0.04	0.05	0.87
耕地环节或收割环节	0.74	0.75	-0.01	0.05	-0.12

综上，以小麦和水稻生产中的耕地环节和收割环节为例，使用倾向得分匹配法的估计结果表明，农户使用农业机械化服务与否对其粮食播种面积没有显著影响。

第五节　农户使用农业机械化服务成本变化对粮食播种面积的影响分析

一、理论模型和研究假说

农户使用农业机械化服务的单位成本主要体现在每亩机械作业费用的变化上，本文用一个简单的理论模型来探讨使用农业机械化服务成本的变化引起的播种面积变化，如图 6-2 所示。

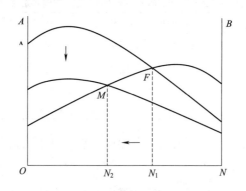

图 6-2　每亩农业机械作业费用上涨的理论分析

　　假设左纵坐标反映使用农业机械化生产的粮食作物 A 的土地边际收益曲线，右纵坐标反映经济作物 B 的土地边际收益曲线，土地帕累托最优配置的均衡点位于 N_1。在其他条件不变的情况下，随着市场竞争的变化，粮食作物在生产过程中每亩农业机械作业费用上涨，这意味着种植粮食的单位面积成本增加，边际收益下降。此时，图 6 - 2 中粮食作物 A 的土地收益曲线向下移动，而经济作物 B 的土地边际收益曲线不变，从而形成新的土地帕累托均衡点 N_2，粮食播种面积从 ON_1 减少到 ON_2。于是在农户的种植结构中，相对于经济作物 B 而言，粮食作物 A 的播种面积占比将减少。

　　因此，本文提出如下假说：在其他条件不变的情况下，粮食生产过程中每亩农业机械作业费用上涨将导致农户减少粮食作物的播种面积占比，而增加经济作物的播种面积占比。

二、模型构建与变量说明

　　以下本文将使用 2009—2014 年农村固定观察点的常规农户调查数据来实证分析每亩农业机械作业费用的变化对农户粮食播种面积的影响。回归模型如下：

$$y_{it} = a_0 + a_1 m_{it} + a_2 E_{it} + \varepsilon_{it} \qquad (6 - 3)$$

　　其中，y_{it} 为因变量，表示水稻、小麦和玉米 3 大主要粮食作物的播种面积（单位：亩）及其在农作物（粮食作物＋经济作物）总播种面积中的占比。i 代表农户，t 代表年份；m_{it} 代表粮食生产过程中每亩农业机械作业费用（单位：元/亩）。E_{it} 为控制变量，包括户主年龄（岁）、户主受教育年限（年）、是否村干部（反映农户家庭的基本属性，家庭成员有村干部＝1，否＝0）、是否党员（反映农户家庭的基本属性，家庭成员有党员＝1，否＝0）、家庭土地亩数（反映农户家庭的土地经营规模，单位：亩）、家庭劳动力人数、家庭固定资产总金额（单位：元）。a_0 为常数项，a_1、a_2 为各自变量的估计系数；ε_{it} 为残差项。

　　各变量的描述性统计如表 6 - 11 所示。为了在下文体现农业机械作业费用上涨与农户家庭劳动力老龄化的交叉影响，设置"是否属于劳动力老龄化家庭"变量：将农户家庭 60 岁以上劳动力数量占比大于 0.6 的视为属于劳动力老龄化家庭，赋值为 1；反之视为不属于劳动力老龄化家庭，赋值为 0。同时，设置"是否属于劳动力女性化家庭"变量以控制农户家庭的劳动力性别结构：将农户家庭女性劳动力数量占比大于 0.6 的视为属于劳动力女性化家庭，赋值为 1；反之视为不属于劳动力女性化家庭，赋值为 0。

表 6-11　控制变量基本统计值

变量名	平均值	最小值	最大值	标准差	样本数
户主年龄（年）	54.04	18.00	80.00	10.39	54 220
户主受教育年限（年）	6.92	0.00	12.00	2.45	54 220
是否村干部	0.04	0.00	1.00	0.20	54 220
是否党员	0.15	0.00	1.00	0.36	54 220
家庭土地亩数（亩）	6.68	0.10	505.00	6.73	54 220
家庭劳动力人数	2.81	1.00	12.00	1.13	54 220
家庭固定资产总金额（元）	3 569.46	0.10	500 350.00	11 163.22	54 220
是否属于劳动力老龄化家庭	0.19	0.00	1.00	0.32	54 220
是否属于劳动力女性化家庭	0.45	0.00	1.00	0.18	54 220

数据来源：2013 年农村固定观察点农业机械化专项调查数据。

三、估计结果及分析

表 6-12 中，回归方程（1）和回归方程（2）分析每亩农业机械作业费用对农户粮食播种面积的影响；回归方程（3）和回归方程（4）分析每亩农业机械作业费用对农户粮食播种面积占比的影响。为了考察模型估计结果的稳健性，回归方程（1）和回归方程（3）控制了时间固定效应、村庄固定效应和省级层面的集聚效应（cluster effect）；回归方程（2）和回归方程（4）则控制了时间固定效应和农户固定效应（FE）。两种回归方程呈现递进的关系，因为农户固定效应控制了农户层面的相关信息，所以，回归方程（2）和回归方程（4）相对完备。

表 6-12 反映了每亩农业机械作业费用变化对粮食播种面积变化的影响。在以播种面积为因变量的两个回归方程中，每亩农业机械作业费用分别在 10% 和 1% 的统计水平上显著，且估计系数都为负值，实证结果稳健。这说明，每亩农业机械作业费用增加将会导致农户减少粮食作物播种面积。在以播种面积占比为因变量的两个回归方程中，每亩农业机械作业费用都在 1% 的统计水平上高度显著，且估计系数为负值，实证结果稳健。这说明，每亩农业机械作业费用增加将导致农户减少粮食作物播种面积占比。综上，

每亩农业机械作业费用的增加对粮食作物播种面积大小和粮食作物播种面积占比都产生了显著的负向影响。

表 6-12 每亩农业机械作业费用对农户粮食播种面积的影响

项目	播种面积		播种面积占比	
	(1)	(2)	(3)	(4)
户主年龄（年）	0.000	0.006*	−0.000**	0.000**
	(0.00)	(0.00)	(0.00)	(0.00)
户主受教育年限（年）	0.007	0.022*	0.000	0.000
	(0.01)	(0.01)	(0.00)	(0.00)
是否村干部	−0.028	−0.007	−0.005	−0.002
	(0.07)	(0.08)	(0.00)	(0.00)
是否党员	0.023	0.003	−0.004*	−0.001
	(0.05)	(0.05)	(0.00)	(0.00)
家庭土地亩数（对数）	3.057***	1.651***	0.005	0.005**
	(0.22)	(0.05)	(0.01)	(0.00)
家庭劳动力人数（对数）	0.330***	0.217***	−0.007***	−0.006***
	(0.07)	(0.05)	(0.00)	(0.00)
家庭固定资产总金额（对数）	0.054***	−0.002	−0.001**	−0.001***
	(0.01)	(0.01)	(0.00)	(0.00)
是否属于劳动力老龄化家庭	−0.319***	−0.093	−0.007	0.001
	(0.10)	(0.07)	(0.00)	(0.00)
是否属于劳动力女性化家庭	−0.036	−0.279***	−0.005	0.004
	(0.11)	(0.09)	(0.01)	(0.00)
每亩农业机械作业费用（村中值并取对数）	−0.266*	−0.223***	−0.011***	−0.010***
	(0.14)	(0.03)	(0.00)	(0.00)
村庄固定效应	已控制	未控制	已控制	未控制
时间固定效应	已控制	已控制	已控制	已控制
省级集聚效应	已控制	未控制	已控制	未控制
农户固定效应	未控制	已控制	未控制	已控制
样本量	54 211	54 211	54 211	54 211
调整 R^2	0.582	−0.349	0.582	−0.349
AIC	−7.43e+04	−1.15e+05	−7.43e+04	−1.15e+05

注：①使用每亩农业机械作业费用的村一级中值来消除单个农户每亩农业机械作业费用所带来的内生性问题（农户与农业机械化服务的供给者之间可能存在讨价还价的情况）；③***、**和*分别表示在1%、5%、10%的统计水平上显著。

　　表6-13反映了每亩农业机械作业费用变化对农户经济作物播种面积变化的影响，分成5个回归方程。回归方程（1）的因变量为经济作物（包括棉花、油料、麻类、蔬菜）播种面积之和在农作物总播种面积中的占比，回归方程（2）～（5）的因变量分别为棉花、油料、麻类和蔬菜的播种面积在农作物总播种面积中的占比。5个回归方程全都控制了时间固定效应和FE固定效应。从估计结果来看，每亩农业机械作业费用的系数在5个回归方程中都为正向，但只在经济作物、棉花和蔬菜的回归方程中高度显著。这说明，每亩农业机械作业费用上涨会显著增加经济作物总体以及棉花和蔬菜的播种面积占比。

表6-13　每亩农业机械作业费用对农户经济作物播种面积的影响

项目	(1) 经济作物	(2) 棉花	(3) 油料	(4) 麻类	(5) 蔬菜
户主年龄（年）	−0.000*	0.002*	0.000	0.000	0.000
	0.00	(0.00)	(0.00)	(0.00)	(0.00)
户主受教育年限（年）	0.00	0.002	−0.001	0.000	0.000
	(0.00)	(0.00)	(0.00)	(0.00)	(0.00)
是否村干部	0.002	−0.003	0.004	0.001	0.003
	(0.00)	(0.02)	(0.01)	(0.00)	(0.00)
是否党员	0.001	0.018	−0.001	0.000	0.003
	(0.00)	(0.01)	(0.00)	(0.00)	(0.00)
家庭土地亩数（对数）	−0.005*	0.037*	−0.014**	−0.002	−0.013***
	(0.00)	(0.02)	(0.01)	(0.00)	(0.00)
家庭劳动力人数（对数）	0.006**	0.019	−0.002	0.000	0.002
	(0.00)	(0.02)	(0.01)	(0.00)	(0.00)
家庭固定资产总金额（对数）	0.001***	0.008***	0.000	0.000	0.001***
	(0.00)	(0.00)	(0.00)	(0.00)	(0.00)
是否属于劳动力老龄化家庭	−0.001	0.040*	−0.013*	0.000	0.003
	(0.00)	(0.02)	(0.01)	(0.00)	(0.00)
是否属于劳动力女性化家庭	−0.004	0.03	−0.003	0.000	0.000
	(0.01)	(0.03)	(0.01)		(0.01)
每亩农业机械作业费用（村中值并取对数）	0.010***	0.035***	0.002	0.000	0.007***
	(0.00)	(0.01)	(0.00)	(0.00)	(0.00)
村庄固定效应	未控制	未控制	未控制	未控制	未控制

（续）

项目	(1) 经济作物	(2) 棉花	(3) 油料	(4) 麻类	(5) 蔬菜
时间固定效应	已控制	已控制	已控制	已控制	已控制
省级集聚效应	未控制	未控制	未控制	未控制	未控制
农户固定效应	已控制	已控制	已控制	已控制	已控制
样本量	54 211	2 988	14 279	611	24 357
调整 R^2	0.009	0.154	0.012	0.272	0.008
AIC	−1.15 e+05	−6.74 e+03	−3.64 e+04	−9.35 e+03	−7.34 e+04

注：①***、**和*分别表示在1%、5%和10%的统计水平上显著；②每亩农业机械作业费用、家庭土地亩数、家庭劳动力人数、家庭总固定资产金额均取自然对数。

表 6-12 和表 6-13 中的估计结果共同验证了上文提出的假说，即粮食生产过程中使用农业机械化服务的单位成本上涨，将导致农户减少粮食作物的播种面积占比，而增加经济作物的播种面积占比。

表 6-14 进一步分析了粮食生产过程中每亩农业机械作业费用上涨结合农户劳动力老龄化（"是否属于劳动力老龄化家庭"变量）和地理环境（定义地理环境虚拟变量，平原地区＝1，山岭地区＝0）对粮食播种面积占比的交叉影响。因变量均为粮食作物播种面积在农作物总播种面积中的占比，分成 4 个回归方程：回归方程（1）和回归方程（2）观察每亩农业机械作业费用和劳动力老龄化虚拟变量的交叉影响；回归方程（3）和回归方程（4）观察每亩农业机械作业费用和地理环境虚拟变量的交叉影响。

表 6-14　每亩农业机械作业费用与劳动力老龄化、地理环境的交叉影响

项目	(1)	(2)	(3)	(4)
户主年龄（年）	−0.000**	0.000**	−0.000**	0.000*
	0.00	0.00	0.00	0.00
户主受教育年限（年）	0.00	0.00	0.001	0.00
	0.00	(0.00)	0.00	(0.00)
是否村干部	−0.005	−0.002	−0.004	−0.002
	(0.00)	(0.00)	(0.00)	(0.00)
是否党员	−0.004*	−0.001	−0.005*	−0.001
	(0.00)	(0.00)	(0.00)	(0.00)
家庭土地亩数（对数）	0.005	0.005**	0.006	0.007***
	(0.01)	(0.00)	(0.01)	(0.00)

（续）

项目	(1)	(2)	(3)	(4)
家庭劳动力人数（对数）	−0.007***	−0.006***	−0.006***	−0.008***
	(0.00)	(0.00)	(0.00)	(0.00)
家庭固定资产总金额（对数）	−0.001**	−0.001***	−0.001**	−0.001***
	0.00	0.00	0.00	0.00
是否属于劳动力女性化家庭	−0.005	0.004	−0.003	0.007*
	(0.01)	(0.00)	(0.01)	(0.00)
每亩农业机械作业费用（村中值并取对数）	−0.011***	−0.010***	−0.017***	−0.016***
	(0.00)	(0.00)	(0.00)	(0.00)
每亩农业机械作业费用×劳动力老龄化	0.001	0.00	—	—
	(0.01)	(0.00)	—	—
每亩农业机械作业费用×地理环境	—	—	0.020***	0.021***
	—	—	(0.01)	(0.00)
村庄固定效应	已控制	未控制	已控制	未控制
时间固定效应	已控制	已控制	已控制	已控制
省级集聚效应	已控制	未控制	已控制	未控制
农户固定效应	未控制	已控制	未控制	已控制
样本量	54 211	54 211	50 438	50 438
调整 R^2	0.582	−0.349	0.592	−0.369
AIC	−7.43 e+04	−1.15 e+05	−6.98 e+04	−1.08 e+05

注：①***、**和*分别表示在1%、5%和10%的统计水平上显著；②每亩农业机械作业费用、家庭土地亩数、家庭劳动力人数、家庭总固定资产金额均取自然对数。

从估计结果来看，无论是控制了集聚效应还是控制了农户固定效应，粮食生产过程中每亩农业机械作业费用与农户劳动力老龄化虚拟变量的交叉项在统计上都不显著。这说明，每亩农业机械作业费用上涨对粮食作物播种面积占比的影响在劳动力老龄化农户和非劳动力老龄化农户之间不存在显著差异。每亩农业机械作业费用与农户地理环境虚拟变量的交叉项，在控制了集聚效应或农户固定效应的回归中都显著，且系数为正。这说明，与地处山区的农户相比，每亩农业机械作业费用上涨对平原地区农户粮食播种面积占比带来的负向影响较小。

第六节 结 论

本文研究了中国农业机械化发展如何影响粮食播种，将这个问题分解成两个可具体操作的问题进行分析：其一，农户是否使用农业机械化服务对农户粮食播种面积的影响；其二，每亩农业机械作业费用变化对农户粮食播种面积的影响。研究结论如下：

第一，中国农户在粮食生产过程中已经开始广泛使用农业机械替代农业劳动力，且随着粮食生产中不同环节越来越多地使用农业机械化服务，农户粮食生产过程中的每亩农业机械作业费用逐年增加。

第二，实证研究结果表明，农户在粮食生产过程中是否使用农业机械化服务，无论是对其粮食播种面积大小，还是对其粮食播种面积占比，都没有显著影响。但是，粮食生产过程每亩农业机械作业费用的上涨，无论是对农户的粮食播种面积大小，还是对农户的粮食播种面积占比，都产生了显著的负向影响，即粮食生产过程中每亩农业机械作业费用上涨将显著减少农户的粮食播种面积及其占比。

第三，评估农户劳动力老龄化和地理环境与每亩农业机械作业费用的交叉影响，结果表明农户家庭劳动力老龄化强化或者削弱每亩农业机械作业费用的影响，但是如果农户处于平原地区，粮食生产过程中每亩农业机械作业费用上涨对农户粮食播种面积占比的负向影响将会被削弱。

本文的结论只限于小规模农户的情况，而对当前中国有些地区农村因土地流转形成的大规模农户或者大规模农场的情况，尚需斟酌和进一步的仔细研究。

第七章 交通基础设施和
粮食生产专业化

交通基础设施发展可以大幅度减少经济活动的交易成本，随着交通基础设施的不断完善，它将如何影响一个国家不同地区之间粮食专业化生产？中国在过去的几十年改革开放过程中，交通基础设施经历了飞速的发展，本文利用中国 1998—2017 年不同地区数据研究这个问题，实证结果表明：一方面，交通基础设施发展会对粮食种植面积和占比造成显著负向冲击，促进粮食作物种植向经济作物种植方向转变；另一方面，交通基础设施又会对粮食作物种植的集聚产生显著正向影响，促进粮食作物的种植向具有比较优势的地区集中。另外，不同土地规模的地区之间，交通基础设施对粮食作物种植的影响也存在显著的差异化特征。对于土地规模较大的地区而言，交通基础设施发展对粮食作物种植面积和占比的负向影响被显著削弱，而对粮食作物集聚的正向影响被显著放大。这表明随着交通基础设施发展，经济活动交易成本的逐渐减少，会促进不同地区的粮食种植呈现出劳动分工的趋势，使传统分散的粮食种植逐渐向具有比较优势的地区进行专业化生产。

第一节 引　　言

早期经济学家认为农业劳动分工受到土地规模的限制，使农业无法形成劳动分工（亚当·斯密，1976；马歇尔，1920；Young，1928），然而 Yang 等（2013）发现农业生产性社会服务的出现，可以在农业生产环节产生规模经济，打破了传统一家一户的农业生产方式，在中国实现了农业的专业化生产和劳动分工。影响劳动分工实现的因素除了市场规模，还有交易成本。科斯（1937）认为交易成本的降低能够有效促进劳动分工的形成，实现专业化生产。农业由于其自身生产的季节性和极大的土地依赖性，在生产过程中具有较高交易成本，严重制约农业分工的扩展与深化。随着交通基础设施的不断完善，不同地区之间的农业劳动分工是否会受到影响进而实现农业生产专业化呢？

中国改革开放几十年以来，中国交通基础设施也得到了极大的发展。道路交通基础设施的发展极大程度地改善了农村地区的交通运输条件，使得农业生产地与市场之间的经济距离大大减少，大幅度降低了农业生产经营活动的交易成本（Sincliar；1967；Obare G A，Omamo S W & Williams J C，2003；Sturm J E，Jacobs J，Groote P，1999）。总体而言：一方面道路交通有助于生产技术跨区域传播交流，降低交易成本，提高农作物商品化率（Dorosh P，2012）。交易成本的降低同时也促进了农业专业化分工，产生规模经济效应进而提高粮食生产效率。另一方面道路交通的完善有助于农民外出打工，增加劳动力的就业机会，降低劳动力转移成本从而提高农民收入水平和在家务农的机会成本，导致劳动力在农业市场的专业化（Roumasset et al.，1995；Jacoby，2000）。

本文试图结合 1998—2017 年中国 20 年各省份的数据在国内外研究的基础上，从粮食作物种植结构调整的角度切入，并引入集聚度的概念进一步刻画粮食生产结构的变迁，探讨交通基础设施对中国粮食生产专业化的影响机制。下文将主要从交通基础设施发展的铁路设施和公路设施两个维度来研究交通基础设施发展对粮食生产专业化的影响，并将粮食作物种植结构（包括粮食作物的种植面积、种植面积在农作物中的占比以及粮食作物的地理集聚度（HHI））作为粮食生产专业化衡量标准。

第二节　中国粮食种植结构变化与交通基础设施发展

一、交通基础设施发展

图 7 - 1 描述了 1998—2017 年中国交通基础设施的发展情况。无论是铁路里程还是公路里程均呈现出直线上升趋势。2005 年以前我国道路交通的

发展速度较为缓慢，还处于较低发展水平。铁路里程明显高于公路里程，说明铁路基础设施相较公路基础设施更为完善。这主要是因为跨省际的交通运输主要依靠铁路实现，公路基础设施主要负责省内的人流和物流运输。改革开放初期由于中国的现实国情需要，发挥发达地区与落后地区区域间的优势互补效应，将交通基础设施建设在国民经济发展中列于优先发展地位，大量的劳动力和生产要素跨省流动，使得对铁路运输的需求增加，因此铁路基础设施建设的投入也更多。自 2005 年开始中国加大对道路交通基础设施建设的投入，尤其是 2008 年全球金融危机发生后，中国政府直接投入"4 万亿"的资金用于基础设施建设，刺激经济增长，抵抗金融危机的影响，此后铁路和公路的里程数均快速增长。截至 2016 年中国铁路里程已经达到 121 000 公里位于世界第二，高速铁路成为"中国制造"的代名词，公路里程也达到了 124 000 公里高居世界第一。近 10 年来中国经济突飞猛进，各省份为刺激经济增长对"铁公基"建设加大投资，为促进省内经济发展，建立四通八达的交通网络，政府对公路基础设施建设投入大幅增加，道路交通基础设施也越来越完善。

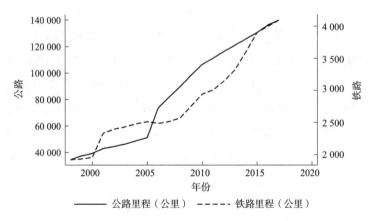

图 7-1　交通基础设施发展情况

数据来源：《中国统计年鉴》（1998—2017 年）。

二、中国粮食种植结构变化

表 7-1 反映了 1998—2017 年中国粮食种植结构变化情况。从整体上的发展趋势来看，近 20 年来中国粮食播种面积整体保持增长趋势，自 1998 年

出现大幅减少，粮食播种面积从 11 378.750 万公顷下跌至 2003 年的
9 941.000 万公顷，随后逐年增加至 2017 年的 11 798.900 万公顷。粮食播
种面积在整个农作物播种面积中的比重则出现了相反的变化趋势，呈现出整
体下降的趋势。本文选用粮食生产集中度（赫尔芬达尔-赫希曼指数）来分
析中国粮食种植结构的变迁。粮食生产集中度不断上升，表明中国自 1998
年以来粮食种植布局有由分散向集中的趋势。近年来中国粮食生产日益向东
北等北方核心产区集中，13 个粮食主产区占全国粮食总产量的 75% 以上，
东三省也一跃成为中国最大粮仓。

表 7 - 1 1998—2017 年中国粮食种植结构变化

年份	粮食种植面积（万公顷）	粮食种植面积占比	集聚度
1998	11 378.750	0.740 41	0.047 22
1999	11 316.120	0.724 99	0.047 25
2000	10 846.270	0.682 44	0.047 56
2001	10 607.980	0.663 58	0.048 19
2002	10 389.100	0.650 85	0.048 68
2003	9 941.000	0.618 65	0.049 35
2004	10 160.620	0.643 26	0.049 21
2005	10 427.850	0.655 70	0.049 33
2006	10 548.900	0.659 51	0.049 56
2007	10 563.830	0.643 15	0.052 25
2008	10 679.260	0.671 33	0.052 20
2009	10 898.560	0.671 49	0.052 03
2010	10 987.620	0.666 00	0.051 93
2011	11 057.320	0.658 93	0.051 99
2012	11 120.470	0.655 40	0.052 01
2013	11 195.570	0.650 97	0.052 05
2014	11 272.250	0.646 78	0.052 30
2015	11 334.280	0.647 96	0.052 32
2016	11 303.470	0.641 00	0.052 24
2017	11 798.900	0.660 08	0.056 62

数据来源：《中国统计年鉴》（1997—2017 年）。

表7-2 分地区粮食种植结构变化情况

年份	粮食种植面积占比				集聚度			
	东部	中部	西部	东北	东部	中部	西部	东北
1998	0.737	0.682	0.748	0.879	0.181	0.192	0.122	0.405
1999	0.717	0.677	0.733	0.869	0.182	0.189	0.120	0.406
2000	0.663	0.659	0.697	0.857	0.185	0.192	0.118	0.400
2001	0.636	0.625	0.685	0.909	0.19	0.194	0.119	0.398
2002	0.618	0.641	0.681	0.805	0.195	0.195	0.118	0.405
2003	0.585	0.621	0.649	0.810	0.195	0.199	0.119	0.405
2004	0.599	0.647	0.667	0.860	0.194	0.196	0.119	0.401
2005	0.630	0.656	0.671	0.864	0.198	0.195	0.119	0.401
2006	0.631	0.661	0.658	0.876	0.198	0.194	0.119	0.404
2007	0.618	0.647	0.634	0.951	0.208	0.197	0.122	0.436
2008	0.650	0.678	0.665	0.896	0.206	0.197	0.121	0.44
2009	0.650	0.677	0.664	0.911	0.206	0.197	0.119	0.443
2010	0.649	0.671	0.658	0.905	0.207	0.196	0.119	0.441
2011	0.648	0.665	0.654	0.896	0.208	0.196	0.119	0.441
2012	0.647	0.667	0.645	0.896	0.208	0.196	0.119	0.439
2013	0.649	0.669	0.639	0.900	0.21	0.197	0.119	0.436
2014	0.651	0.672	0.629	0.913	0.212	0.197	0.119	0.434
2015	0.654	0.672	0.627	0.915	0.213	0.197	0.119	0.432
2016	0.649	0.672	0.618	0.904	0.214	0.198	0.119	0.435
2017	0.700	0.716	0.613	0.926	0.236	0.200	0.124	0.453

数据来源:《中国统计年鉴》(1997—2017年)。

表7-2显示的是1998年至2017年不同地区粮食种植结构的变化情况①。从粮食种植面积占比来看,东部和西部地区粮食种植面积占比均有下降趋势,东部地区粮食种植面积占比从73.7%下降至70%,西部地区粮食种植面积占比从74.8%下降至61.3%。中部和东北地区粮食种植面积占比

---

① 本文中东西和东北四大地区的划分参考国家统计局《中国统计年鉴》。

呈上升趋势，2017 年东北地区粮食种植面及占比达 92.6％，中部地区粮食面积占比 71.6％。从地理集聚程度来看，各地区粮食种植集聚度均呈上升趋势，即粮食种植表现出整体地理集聚趋势。东部和东北部地区粮食种植集聚度较中西部地区更大，表明粮食种植主要集中在东部及东北地区，其中东北地区粮食种植集聚度最大。1998 年东部、中部、西部和东北地区粮食种植集聚度分别为 0.181、0.192、0.122 和 0.405；2018 年东部地区粮食种植集聚度上升至 0.236，中部地区粮食种植集聚度达到 0.200，东北地区粮食种植集聚度为 0.453，而西部地区粮食种植集聚度仅为 0.124，说明粮食生产有向东北和东部地区集中专业化生产的倾向。

第三节 实证分析模型与结果

根据以上分析，基于数据可获得性和统计口径的一致性，本文以下将使用 1998—2017 年中国各省份的面板数据进行实证分析交通基础设施对粮食专业化生产的影响，建立如下基本计量经济模型：

$$Y_{it} = \alpha_0 + \alpha_1 T_{it} + \alpha_3 E_{it} + \varepsilon_{it} \tag{7-1}$$

其中，Y_{it} 为被解释变量，T_{it} 为核心解释变量，E_{it} 为控制变量，ε_{it} 表示随机扰动项，下标 t 表示年份，下标 i 表示省份。对所有变量进行对数化处理，一是为了减弱数据的异方差性，二是便于解释模型，表示数据变动的相关性。

Y_{it} 是核心解释变量，表示交通基础设施水平，分别用铁路里程和公路里程（公里）衡量。

E_{it} 为控制变量，包括机械总动力（万千瓦）、农户家庭总耕地亩数（千公顷）、农业劳动力人数（人）、经济发展水平（各省份第二、三产业 GDP 占比）、是否粮食主产区（1＝是；0＝否）；表示随机扰动项。本文选取辽宁、河北、湖南、四川、河南、湖北、山东、吉林、内蒙古、江西、江苏、安徽、黑龙江 13 个省份作为粮食主产区，粮食主产区的粮食产量占全国的 75.4％。各变量的描述性统计情况如表 7－3 所示。对所有变量进行对数化处理，一是为了减弱数据的异方差性，二是便于解释模型，表示数据变动的相关性。

表7-3 控制变量描述性统计

变量名	平均值	最小值	最大值	标准差	样本数
公路里程（公里）	85 788.91	4 095	294 809	62 734.27	600
铁路里程（公里）	2 853.675	214	12 675	1 833.832	600
是否主产区	0.433 333 3	0	1	0.495 949 1	600
机械总动力（万千瓦）	2 533.062	95.32	13 353.02	2 566.925	600
耕地总面积（千公顷）	4 135.09	191.6	15 845.7	2 852.294	600
农业劳动力人数（人）	8 113.004	287.44	108 494.6	14 348.82	600
经济发展水平	0.864 234 7	0.620 9	0.996 4	0.073 711 4	600

数据来源：《中国统计年鉴》（1998—2017年）。

一、粮食种植面积及占比影响

表7-4反映铁路基础设施对粮食播种面积及其占比的影响，使用了1998年至2017年的农户面板数据。实证策略分成两部分，模型1到模型3是分析铁路基础设施对粮食播种面积的影响，模型4到模型6是分析铁路基础设施对粮食播种面积占比的影响。所有模型均控制了时间固定效应和省份固定效应。将每部分的回归分成四方程进行分析，逐步增加控制变量，考察实证结果的稳健性。第一个回归方程只有核心解释变量铁路里程，第二个回归方程加入机械总动力、耕地面积、劳动力人数三个特征变量，第三个回归方程则进一步加入了特征变量经济发展水平，三个模型随控制变量的增加，逐渐完备。

实证结果显示，无论是粮食播种面积还是粮食播种面积占比，铁路里程的系数在统计学意义上都显著为负，说明铁路基础设施对粮食作物播种面积及其占比的影响存在显著的负向作用，这可能是四通八达的交通运输网络在满足当地经济发展水平的条件下，大程度地改善了农业生产活动的运输条件，大大缩短了生产地与市场间的时间距离，降低区域间的运输成本和经营风险，农产品的空间转移也更加便利，扩大了各农副产品的贸易规模进而促进农业专业分工深化。因此相比粮食作物，理性经济人会倾向于种植附加值高的经济作物，以期望带来更高的收益，因为收入的差距会诱使农户做出新的选择。收入差距越大，农户更易改变种植决策。另外，随着交通基础设施的逐渐完善，信息不对称减少，信息的快速扩散减少了信息搜寻成本，降低了经济活动交易费用。农业劳动力不再受到地域限制，可以在省际之间自由转移，劳动力的转移成本下降，农民可获得更多的非农就业机会，在家务农的机会成本上升导致农民外出务工比例增加，进而发生大规模的劳动力转移。农业劳动力供给不足使得小规模农民倾向于从多样化种植模式转向只种植少数几种作物，如更愿意种植劳动强度较小、附加值更高的经济作物而减少粮食作物的种植，从而对粮食种植结构产生冲击。

其他解释变量，机械总动力、耕地面积和农业劳动力人数均对粮食播种面积产生显著的正向作用，即机械化程度越高，土地规模越大，从事农业生产活动的劳动力越多，粮食播种面积越大。经济发展水平越高会减少粮食作物种植，因为农民外出务工收入高，劳动力从事农业活动的机会成本就越高，劳动力更多地流向第二、三产业，减少粮食作物播种面积。

表 7 - 4　铁路基础设施粮食种植面积及占比的影响

项目	种植面积			种植面积占比		
	模型 1	模型 2	模型 3	模型 4	模型 5	模型 6
ln _ 铁路	−0.079**	−0.068**	−0.045	−0.042***	−0.037***	−0.031***
	(0.035)	(0.03)	(0.03)	(0.011)	(0.011)	(0.012)
ln _ 机械总动力		0.366***	0.400***		−0.002	0.007
		(0.034)	(0.034)		(0.013)	(0.013)
ln _ 耕地面积		0.02	0.021		0.005	0.005
		(0.016)	(0.015)		(0.006)	(0.006)
ln _ 劳动力人数		0.023	−0.027		0.016	0.003
		(0.111)	(0.111)		(0.042)	(0.043)
经济发展水平			−1.052***			−0.256**
			(0.267)			(0.103)
年份固定效应	是	是	是	是	是	是
省份固定效应	是	是	是	是	是	是
样本量	612	600	600	612	600	600
调整 R^2	0.986	0.99	0.991	0.88	0.877	0.878
AIC	−740.674	−934.333	−949.127	−2 141.036	−2 092.044	−2 096.834

数据来源：《中国统计年鉴》(1998—2017 年)；***、**和*分别表示在 1%、5%和 10%的统计水平上显著；家庭总耕地数、家庭总劳动力数和家庭总固定资产数均取自然对数。

表 7 - 5 反映公路基础设施对粮食播种面积及其占比的影响。同表 7 - 4

一样，实证策略分成两部分，模型 1 到模型 3 是分析公路基础设施对粮食播种面积的影响，模型 4 到模型 6 是分析公路基础设施对粮食播种面积占比的影响。所有模型均控制了时间固定效应和省份固定效应。将每部分的回归分成三个方程进行分析，逐步增加控制变量，考察实证结果的稳健性。回归方程只有核心解释变量公路里程，第二个回归方程加入机械总动力、耕地面积、劳动力人数 3 个特征变量，第三个回归方程在第二个方程基础上进一步加入了特征变量经济发展水平，逐渐完备。从实证结果分析，公路基础设施对粮食作物播种面积及其占比的影响在 1‰ 置信水平高度显著为负，说明公路基础设施对粮食作物播种面积及其占比的影响存在显著的负向作用。

表 7-5   公路基础设施对粮食种植面积及占比的影响

项目	种植面积			种植面积占比		
	模型 1	模型 2	模型 3	模型 5	模型 6	模型 7
ln _ 公路	0.093***	−0.062**	−0.033	−0.024**	−0.020*	−0.011
	(0.03)	(0.029)	(0.029)	(0.01)	(0.011)	(0.011)
ln _ 机械总动力		0.299***	0.362***		−0.025**	−0.007
		(0.031)	(0.033)		(0.012)	(0.013)
ln _ 耕地面积		0.024	0.023		0.006	0.006
		(0.016)	(0.016)		(0.006)	(0.006)
ln _ 劳动力人数		−0.253**	−0.223**		−0.081**	−0.072*
		(0.107)	(0.104)		(0.041)	(0.04)
经济发展水平			−1.347***			−0.387***
			(0.258)			(0.099)
年份固定效应	是	是	是	是	是	是
省份固定效应	是	是	是	是	是	是
样本量	620	605	605	620	605	605
调整 R^2	0.987	0.99	0.991	0.876	0.873	0.876
AIC	−760.863	−917.026	−944.367	−2 138.019	−2 083.511	−2 098.037

数据来源：《中国统计年鉴》（1998—2017 年）；***、** 和 * 分别表示在 1‰、5‰ 和 10‰ 的统计水平上显著；家庭总耕地数、家庭总劳动力数和家庭总固定资产数均取自然对数。

二、粮食种植集聚影响

OLS 回归分析反映的是平均值效应。铁路和公路基础设施变量的系数为负，反映在平均意义上，铁路和公路发展将会对粮食作物的种植造成负向影响。但是，不同地区之间是否存在差异？为此，我们进一步研究了中国粮食作物种植是否存在地区集聚式的发展路径？

对于粮食作物集聚度的测量，引入赫尔芬达尔-赫希曼指数（HHI）的概念。赫尔芬达尔-赫希曼指数通常用来一个地区某一产业在全国的专业化程度，计算公式如下：

$$HHI_{nt} = \sum_{i=1}^{m} \left(\frac{X_{it}}{X} \right)^2 \qquad (7-2)$$

其中，X_{it} 为 i 省份 t 年的粮食播种面积，X 为全国粮食总播种面积。HHI 指数值越大表明该省份粮食种植集聚度越高。

表 7-6 引入集聚度的定义，进一步分析了交通基础设施对粮食种植结构的影响，解释变量均为粮食生产集聚度（HHI）。同上文，将基础设施分为铁路和公路两部分，各包括 3 个回归方程，逐步增加控制变量，考察实证结果的稳健性。第三个回归方程则在第二个方程基础上加入了特征变量经济发展水平。结果表明无论是铁路还是公路基础设施，均会对粮食作物种植的集聚产生显著正向影响，即交通基础设施加强了粮食作物区域上的集聚度，粮食生产区域更加集中。交通便捷降低了经济活动交易成本，便于生产物资的顺畅流通和劳动力的迁徙，使得不同地区之间的农业自然资源可以进行优势互补，合理的配置农业生产要素从而扩大农业市场规模，实现劳动力在农业市场的专业化，集中生产少数几种作物，导致经济活动更大程度的集聚，这与中国粮食种植结构变迁的实际情况也正好吻合。近年来，中国粮食生产重心北移，粮食种植逐渐向东三省等区域转移集中，恰好佐证了本文的研究结果。

表 7-6　交通基础设施对粮食生产集聚度的影响

项目	铁路			公路		
	模型 1	模型 2	模型 3	模型 5	模型 6	模型 7
ln_铁路	0.016***	0.030***	0.023***			
	(0.002)	(0.004)	(0.004)			
ln_公路				0.024***	0.052***	0.047***
				(0.002)	(0.003)	(0.003)

(续)

项目	铁路			公路		
	模型1	模型2	模型3	模型5	模型6	模型7
ln_机械总动力	0.015***	0.010***			−0.007**	−0.010***
	(0.003)	(0.003)			(0.003)	(0.003)
ln_耕地面积	−0.031***	−0.017***			−0.024***	−0.015***
	(0.003)	(0.003)			(0.002)	(0.002)
ln_劳动力人数	0.003	0			−0.002	−0.003**
	(0.002)	(0.002)			(0.002)	(0.002)
经济发展水平			0.214***			0.171***
			(0.024)			(0.020)
样本量	612	600	600	620	605	605
调整 R^2	0.073	0.214	0.302	0.235	0.441	0.499
AIC	−2 088.476	−2 142.988	−2 213.709	−2 232.649	−2 365.007	−2 430.999

数据来源：《中国统计年鉴》(1998—2017年)；***、**和*分别表示在1%、5%和10%的统计水平上显著；家庭总耕地数、家庭总劳动力数和家庭总固定资产数均取自然对数。

三、稳健性检验

为了获取更稳健的实证结论，考虑到粮食作物生产过程中呈现出不同程度的劳动专业分工，粮食生产主产区对粮食作物种植的影响程度也会有所差异，因此我们进一步选取粮食生产主产区样本分别对粮食作物种植面积、粮食作物种植面积占比及粮食生产集聚度三个指标进行单独的实证分析。

表7-7　交通基础设施对主产区粮食种植结构的影响

项目	铁路			公路		
	种植面积	种植面积占比	集聚度	种植面积	种植面积占比	集聚度
ln_铁路	−0.130***	−0.012	0.039***			
	(0.043)	(0.022)	(0.005)			
ln_公路				−0.172***	−0.022*	0.057***
				(0.024)	(0.013)	(0.004)
ln_机械总动力	0.185***	0.034**	−0.008**	0.158***	0.032**	0.014***
	(0.027)	(0.015)	(0.003)	(0.031)	(0.016)	(0.004)
ln_劳动力人数	0.155***	0.030	−0.012***	0.112***	0.025	−0.026***
	(0.039)	(0.021)	(0.005)	(0.042)	(0.021)	(0.006)

（续）

项目	铁路			公路		
	种植面积	种植面积占比	集聚度	种植面积	种植面积占比	集聚度
经济发展水平	0.329*	0.245***	-0.002	0.467**	0.261***	0.006**
	(0.168)	(0.092)	(0.002)	(0.183)	(0.093)	(0.003)
ln_耕地面积	-0.167	-0.107	0.228***	-0.220	-0.119	0.392***
	(0.159)	(0.087)	(0.036)	(0.178)	(0.091)	(0.040)
样本量	260	260	260	260	260	260
调整 R^2	0.975	0.919	0.712	0.97	0.919	0.57
AIC	-791.703	-1 103.133	-1 184.759	-748.311	-1 100.337	-1 080.825

数据来源：《中国统计年鉴》(1998—2017 年)；***、** 和 * 分别表示在 1%、5% 和 10% 的统计水平上显著；家庭总耕地数、家庭总劳动力数和家庭总固定资产数均取自然对数。

表 7-7 反映了 1998—2017 年我国粮食主产区的交通基础设施建设对粮食作物种植结构的影响情况，结果显示，在粮食主产区，铁路基础设施对粮食作物的种植面积及其结构性占比的系数值均为负数，实证结果相当稳健，说明铁路基础设施会对粮食作物种植面积和占比造成显著负向冲击。对于粮食作物种植的集聚度而言，铁路基础设施对粮食生产集聚度的影响系数则在 1‰ 置信水平上高度显著为正，表明在粮食主产区，铁路基础设施的完善会更好地发挥当地粮食生产的比较优势，促进粮食作物种植在地理上的集聚。公路基础设施的回归结果也是如此，一方面公路基础设施的建设会减少粮食作物种植面积及占比，另一方面公路基础设施的完善也会促进主产区粮食作物的种植并呈现出向具有比较优势地区集中专业化生产的趋势。

中国粮食主产区基本上都是人口大省，具有丰富的劳动力资源，是主要的劳务输出地。这些省份独特的自然环境和资源条件使其在粮食生产领域中具有一定的比较优势，因此在交通环境得到改善以后，完善的交通设施不仅缩短了区域之间的时间距离，还有利于区域之间的技术交流（如农机使用的推广），在满足当地经济发展需求的同时可以充分发挥交通网络的扩散效应。技术扩散效应有助于减少经济活动成本，促进劳动分工的纵向深化，进一步提高农业技术水平，更大程度发扬了粮食主产区的比较优势。当交易成本存在时，不同地区的农户会选择生产当地最具优势和市场竞争力的农产品以追求福利最大，粮食生产的专业化进程会产生显著的规模经济效应，从而加强了粮食作物区域上的集聚度，优化粮食种植结构。故而在粮食主产区，交通基础设施会促进粮食作物在该地区的专业化生产。

综合比较表7-4、表7-5、表7-6和表7-7发现，铁路和公路基础设施对粮食作物播种面积及其占比均会产生负向作用，但是会促进粮食作物种植地区上的集聚化。而在粮食主产区，铁路和公路基础设施会促进粮食种植向具有比较优势的地区集中，实现粮食生产专业化：在粮食主产区，交通基础设施的完善会大幅度降低交易成本，有助于粮食主产区比较优势的发挥，进而强化粮食作物种植的集聚趋势，优化种植结构。

第四节　土地规模差异化影响

农业生产活动中，土地规模效应对农业生产行为的影响起到了重大影响。表7-8和表7-9反映的是基础设施与土地规模对粮食种植结构的交叉影响。结果表明无论是铁路里程还是公路里程对经济作物播种面积及其占比都是在1‰统计水平上高度显著为负，即交通基础设施会减少粮食作物的种植。但是交通基础设施与土地规模的交叉项高度显著为正，说明土地规模越大的省份，铁路和公路基础设施的完善有助于更好的发挥粮食种植的规模效应，进而会促进粮食作物的专业化生产。

综合表7-4、表7-5、表7-8和表7-9的实证结果来看，交通基础设施的改善确实会削弱附加值低的粮食作物的种植；而在土地规模较大地区，交通基础设施发展对粮食作物种植面积和占比的负向影响被显著削弱，这可能源于土地规模较大的地区，其粮食种植的比较优势相对较大，交通基础设施有助于粮食作物大规模机械化生产，发挥土地规模效应，降低交易成本，抵消劳动力转移的负面影响，进而增加粮食作物的种植。

表7-8　铁路基础设施和土地规模对粮食种植的交叉影响

项目	种植面积				种植面积占比			
	模型1	模型2	模型3	模型4	模型5	模型6	模型7	模型8
ln_铁路	−0.079**	−0.068**	−0.045	−0.798***	−0.042***	−0.037***	−0.031***	−0.216***
	(0.035)	(0.030)	(0.030)	(0.165)	(0.011)	(0.011)	(0.012)	(0.048)
ln_机械总动力		0.366***	0.400***	0.412***		−0.002	0.007	0.010
		(0.034)	(0.034)	(0.061)		(0.013)	(0.013)	(0.013)

（续）

项目	种植面积				种植面积占比			
	模型1	模型2	模型3	模型4	模型5	模型6	模型7	模型8
ln_耕地面积		0.020	0.021	−0.760***		0.005	0.005	−0.186***
		(0.016)	(0.015)	(0.147)		(0.006)	(0.006)	(0.049)
ln_劳动力人数		0.023	−0.027	0.211		0.016	0.003	0.062
		(0.111)	(0.111)	(0.155)		(0.042)	(0.043)	(0.045)
经济发展水平			−1.052***	−1.054***			−0.256**	−0.256**
			(0.267)	(0.262)			(0.103)	(0.101)
ln_铁路#土地规模				0.103***				0.025***
				(0.019)				(0.006)
年份固定效应	是	是	是	是	是	是	是	是
省份固定效应	是	是	是	是	是	是	是	是
样本量	612	600	600	600	612	600	600	600
调整 R^2	0.986	0.99	0.991	0.991	0.88	0.877	0.878	0.88
AIC	−740.674	−934.333	−949.127	−989.604	−2 141.036	−2 092.044	−2 096.834	−2 106.781

数据来源：《中国统计年鉴》（1998—2017年）；***、** 和 * 分别表示在1%、5%和10%的统计水平上显著；家庭总耕地数、家庭总劳动力数和家庭总固定资产数均取自然对数。

表7-9　公路基础设施和土地规模对粮食种植的交叉影响

项目	种植面积				种植面积占比			
	模型1	模型2	模型3	模型4	模型5	模型6	模型7	模型8
ln_公路	0.093***	−0.062**	−0.033	−0.535***	−0.024**	−0.020*	−0.011	−0.180***
	(0.030)	(0.029)	(0.029)	(0.086)	(0.010)	(0.011)	(0.011)	(0.033)
ln_机械总动力		0.299***	0.362***	0.381***		−0.025**	−0.007	−0.001
		(0.031)	(0.033)	(0.032)		(0.012)	(0.013)	(0.012)
ln_耕地面积		0.024	0.023	−0.710***		0.006	0.006	−0.240***
		(0.016)	(0.016)	(0.119)		(0.006)	(0.006)	(0.046)
ln_劳动力人数		−0.253**	−0.223**	0.165		−0.081**	−0.072*	0.058
		(0.107)	(0.104)	(0.119)		(0.041)	(0.040)	(0.046)
经济发展水平			−1.347***	−0.993***			−0.387***	−0.268***
			(0.258)	(0.256)			(0.099)	(0.099)
ln_公路#土地规模				0.066***				0.022***
				(0.011)				(0.004)
年份固定效应	是	是	是	是	是	是	是	是

（续）

项目	种植面积				种植面积占比			
	模型 1	模型 2	模型 3	模型 4	模型 5	模型 6	模型 7	模型 8
省份固定效应	是	是	是	是	是	是	是	是
样本量	620	605	605	605	620	605	605	605
调整 R^2	0.987	0.99	0.991	0.991	0.876	0.873	0.876	0.882
AIC	−760.863	−917.026	−944.367	−969.098	−2 138.019	−2 083.511	−2 098.037	−2 127.034

数据来源：《中国统计年鉴》（1998—2017 年）；***、** 和 * 分别表示在 1%、5% 和 10% 的统计水平上显著；家庭总耕地数、家庭总劳动力数和家庭总固定资产数均取自然对数。

表 7 - 10　基础设施和土地规模对生产集聚度的交叉影响

项目	铁路				公路			
	模型 1	模型 2	模型 3	模型 4	模型 5	模型 6	模型 7	模型 8
ln_铁路	0.016***	0.030***	0.023***	0.000				
	(0.002)	(0.004)	(0.004)	(0.025)				
ln_公路					0.024***	0.052***	0.047***	0.029*
					(0.002)	(0.003)	(0.003)	(0.015)
ln_机械总动力		0.015***	0.010***	0.014***		−0.007**	−0.010***	−0.018***
		(0.003)	(0.003)	(0.005)		(0.003)	(0.003)	(0.005)
ln_耕地面积		−0.031***	−0.017***	−0.051**		−0.024***	−0.015***	−0.044**
		(0.003)	(0.003)	(0.025)		(0.002)	(0.002)	(0.020)
ln_劳动力人数		0.003	0.000	0.006***		−0.002	−0.003***	0.005***
		(0.002)	(0.002)	(0.002)		(0.002)	(0.002)	(0.001)
经济发展水平			0.214***	0.520***			0.171***	0.360***
			(0.024)	(0.049)			(0.020)	(0.046)
ln_铁路#土地规模				0.006*				
				(0.003)				
ln_公路#土地规模								0.004**
								(0.002)
样本量	612	600	600	600	620	605	605	605
调整 R^2	0.073	0.214	0.302	0.309	0.235	0.441	0.499	0.518
AIC	−2 088.476	−2 142.988	−2 213.709	−2 218.758	−2 232.649	−2 365.007	−2 430.999	−2 453.54

数据来源：《中国统计年鉴》（1998—2017 年）；***、** 和 * 分别表示在 1%、5% 和 10% 的统计水平上显著；家庭总耕地数、家庭总劳动力数和家庭总固定资产数均取自然对数。

　　表 7 - 10 反映了交通基础设施和土地规模对粮食生产集聚度的交叉影

响。其中，铁路与公路基础设施与土地规模交叉项对粮食生产集聚度均存在高度显著的正向促进作用，这说明交通基础设施会更好地发挥土地规模效应，放大种粮比较优势。交易成本节约的驱动力与规模经济的驱动之间彼此交互增强，进而对粮食作物集聚的正向影响被显著放大，促进土地规模较大区域的粮食作物专业化种植。

第五节　结　　论

本文使用 1998—2017 年的中国省级层面的粮食种植面积数据，采用粮食作物播种面积、粮食作物播种面积占比，及粮食生产集聚度三个指标，系统地分析了中国交通基础设施发展对粮食生产专业化的影响。主要研究结论有：

（1）实证结果表明：一方面交通基础设施的发展对粮食种植面积和占比有显著的负向冲击，即交通基础设施会减少经济附加值较低的粮食作物的种植，促进粮食作物的种植向经济作物种植方向转变。另一方面，交通基础设施的发展对粮食作物种植的集聚则有明显的正向影响，会促进粮食作物的种植向具有比较优势的地区集中。这表明交通基础设施发展使得经济活动的交易成本大幅降低，会促进不同地区的粮食种植呈现出劳动分工的趋势，使传统分散的粮食种植逐渐向具有比较优势的地区进行专业化生产，对粮食种植结构产生影响。

（2）结合交通基础设施与土地规模的异质性研究分析，不同土地规模的地区之间，交通基础设施对粮食作物种植的影响也存在差异化的显著特征。对于土地规模较大的地区而言，交通基础设施发展对粮食作物种植面积和占比的负向影响被显著削弱，而对粮食作物集聚的正向影响则被显著放大，这可能源于土地规模较大的地区具有更大的规模经济效应，交通基础设施的发展对交易成本的减少会放大其粮食种植的比较优势，进而促进粮食作物在该地区的专业化生产。

参 考 文 献

蔡昉，2007. 中国流动人口问题 [M]. 北京：社会科学文献出版社.

蔡昉，2008. 刘易斯转折点——中国经济发展新阶段 [M]. 北京：社会科学文献出版社.

曹阳，胡继亮，2010. 中国土地家庭承包制度下的农业机械化 [J]. 中国农村经济 (10).

陈超，李寅秋，廖西元，2012. 水稻生产环节外包的生产率效应分析——基于江苏省三县的面板数据 [J]. 中国农村经济 (2).

陈建军，夏富军，2006. 垂直分工，产业集聚与专业化优势——兼论长三角地区的制造业优势格局 [J]. 南通大学学报 (社会科学版) (22).

陈杰，苏群，2017. 土地流转、土地生产率与规模经营 [J]. 农业技术经济 (1).

陈强，2015. 计量经济学及 Stata 应用 [M]. 北京：高等教育出版社.

陈锡文，陈昱阳，张建军. 2011. 中国农村人口老龄化对农业产出影响的量化研究 [J]. 中国人口科学 (2).

董晓霞，2018. 种植业结构调整对农户收入影响的实证分析——以环北京地区为例 [J]. 农业技术经济 (1).

董晓霞，黄季焜，Scott Rozelle，王红林，2006. 地理区位、交通基础设施与种植业结构调整研究 [J]. 管理世界 (11).

范成方，史建民，2013. 粮食生产比较效益不断下降吗——基于粮食与油料、蔬菜、苹果种植成本收益调查数据的比较分析 [J]. 农业技术经济 (2).

龚锋，余锦亮，2015. 人口老龄化、税收负担与财政可持续性 [J]. 经济研究 (8).

郭庆海，2014. 土地适度规模经营尺度：效率抑或收入 [J]. 农业经济问题 (7).

郭熙保，李通屏，袁蓓，2013. 人口老龄化对中国经济的持久性影响及其对策建议 [J]. 经济理论与经济管理 (2).

郭晓鸣，左喆瑜，2015. 基于老龄化视角的传统农区农户生产技术选择与技术效率分析——来自四川省富顺、安岳、中江 3 县的农户微观数据 [J]. 农业技术经济 (1).

韩玉萍，2015. 农业产业结构演进特征形成研究 [D]. 重庆：重庆西南大学.

何小勤，2013. 农业劳动力老龄化研究——基于浙江省农村的调查 [J]. 人口与经济 (2).

贺雪峰，印子，2015. "小农经济"与农业现代化的路径选择——兼评农业现代化激进

主义 [J]. 政治经济学评论（2）.

胡鞍钢，刘生龙，马振国，2015. 人口老龄化、人口增长与经济增长——来自中国省际面板数据的实证证据 [J]. 人口研究（3）.

胡翠，许召元，2014. 人口老龄化对储蓄率影响的实证研究——来自中国家庭的数据 [J]. 经济学（季刊）（4）.

胡雪枝，钟甫宁，2012. 农村人口老龄化对粮食生产的影响——基于农村固定观察点数据的分析 [J]. 中国农村经济（7）.

扈映，杨康，舒泰，2013. 劳动力转移背景下的种植业结构调整 [J]. 浙江理工大学学报（自然科学版）（30）.

黄海平，龚新蜀，黄宝连，2010. 基于专业化分工的农业产业集群竞争优势研究——以寿光蔬菜产业集群为例 [J]. 农业经济问题（31）.

黄宗智，2010. 中国的新时代小农场及其纵向一体化：龙头企业还是合作组织 [J]. 中国乡村研究（2）.

惠宁，2006. 分工深化促使产业集群成长的机理研究 [J]. 经济学家（1）.

霍丽娅，2006. 从农民个人收入变化看农业种植业结构调整——四川省成都市龙泉驿区转龙村个案调查研究 [J]. 农村经济（6）.

姜长云，李显戈，董欢，2014. 关于我国粮食安全与粮食政策问题的思考——基于谷物自给率与日、韩相关经验的借鉴 [J]. 宏观经济研究（3）.

姜松，曹峥林，刘晗，2016. 农业社会化服务对土地适度规模经营影响及比较研究——基于 CHIP 微观数据的实证 [J]. 农业技术经济（11）.

江雪萍，李尚蒲，2015. 农户参与横向分工：测度及其比较——来自广东的农户问卷 [J]. 华中农业大学学报（2）.

匡远凤，2012. 技术效率、技术进步、要素积累与中国农业经济增长——基于 SFA 的经验分析 [J]. 数量经济技术经济研究（1）.

莱昂内尔·罗宾斯，2000. 经济科学的性质与意义 [M]. 朱泱，译. 北京：商务出版社.

李二玲，庞安超，朱纪广，2012. 中国农业地理集聚格局演化及其机制 [J]. 地理研究（5）.

李廉水，周彩红，2007. 区域分工与中国制造业发展——基于长三角协整检验与脉冲响应函数的实证分析 [J]. 管理世界（10）.

李琴，宋月萍，2009. 劳动力流动对农村老年人农业劳动时间的影响以及地区差异 [J]. 中国农村经济（5）.

李澜，李阳，2009. 我国农业劳动力老龄化问题研究——基于全国第二次农业普查数据

的分析 [J]. 农业经济问题（6）.

李旻，赵连阁，2010. 农村劳动力流动农业劳动力老龄化形成的影响——基于辽宁省的实证分析 [J]. 中国农村经济（9）.

梁琦，2004. 中国制造业分工、地方专业化及其国际比较 [J]. 世界经济（12）.

梁书民，2006. 中国农业种植结构及演化的空间分布和原因分析 [J]. 中国农业资源与区划（27）.

林本喜，邓衡山，2012. 农业劳动力老龄化对土地利用效率影响的实证分析——基于浙江省农村固定观察点数据 [J]. 中国农村经济（4）.

刘成，周晓时，陈莎莎，等，2017. 湖北省农业结构调整对农民收入的效应分析 [J]. 中国农业大学学报（9）.

刘凤芹，2006. 农业土地规模经营的条件与效果研究：以东北农村为例 [J]. 管理世界（9）.

刘华，2014. 农村人口老龄化对收入不平等影响的实证研究 [J]. 数量经济技术经济研究（4）.

刘景景，孙赫，2017. 老龄化是否影响我国农业生产——基于三大粮食品种的观察 [J]. 西北人口（1）.

刘乃全，刘学华，2009. 劳动力流动、农业种植结构调整与粮食安全——基于"良田种树风"的一个分析 [J]. 南方经济（6）.

刘彦随，张紫雯，王介勇，2018. 中国农业地域分异与现代农业区划方案 [J]. 地理学报（73）.

陆岐楠，张崇尚，仇焕广，2017. 农业劳动力老龄化、非农劳动力兼业化对农业生产环节外包的影响 [J]. 农业经济问题（10）.

陆文聪，梅燕，李元龙，2008. 中国粮食生产的区域变化：人地关系、非农就业与劳动报酬的影响效应 [J]. 中国人口科学（3）.

陆学艺，2004. 中国"三农"问题的由来和发展 [J]. 当代中国史研究（3）.

罗必良，2017. 论服务规模经营——从纵向分工到横向分工及连片专业化 [J]. 中国农村经济（11）.

罗必良，2020. 构建"三农"研究的经济学话语体系 [J]. 中国农村经济（7）.

罗卫东，罗君丽，2015. 科斯经济学方法论及其意义 [J]. 社会科学战线（5）.

毛学峰，刘靖，朱信凯，2015. 中国粮食结构与粮食安全：基于粮食流通贸易的视角 [J]. 管理世界（3）.

彭超，张琛，2020. 农业机械化对农户粮食生产效率的影响 [J]. 华南农业大学学报：

社会科学版（5）.

彭代彦，文乐，2016. 农村劳动力老龄化、女性化降低了粮食生产效率吗——基于随机
　　前沿的南北方比较分析 [J]. 农业技术经济（2）.

彭希哲，胡湛，2011. 公共政策视角下的中国人口老龄化 [J]. 中国社会科学（3）.

钱文荣，郑黎义，2010. 劳动力外出务工对农户水稻生产的影响 [J]. 中国人口科学（5）.

钱龙，洪名勇，2016. 非农就业、土地流转与农业生产效率变化——基于 CFPS 的实证
　　分析 [J]. 中国农村经济（12）.

秦立建，张妮妮，蒋中一，2011. 土地细碎化、劳动力转移与中国农户粮食生产——基
　　于安徽省的调查 [J]. 农业技术经济（11）.

仇焕广，刘乐，李登旺，张崇尚，2017. 经营规模、地权稳定性与土地生产率——基于
　　全国 4 省地块层面调查数据的实证分析 [J]. 中国农村经济（6）.

唐华俊，2014. 新形势下中国粮食自给战略 [J]. 农业经济问题（2）.

汪斌，董赟，2005. 从古典到新兴古典经济学的专业化分工理论与当代产业集群的演进 [J].
　　学术月刊（2）.

王栋，2007. 基于专业化水平分工的农业产业集聚机理研究 [J]. 科学学研究（25）.

王留鑫，何炼成，2017. 农业专业化分工：研究进展与述评 [J]. 农林经济管理学报（16）.

王善高，田旭，2018. 农村劳动力老龄化对农业生产的影响研究——基于耕地地形的实
　　证分析 [J]. 农业技术经济（4）.

汪伟，2016. 人口老龄化、生育政策调整与中国经济增长 [J]. 经济学（1）.

汪伟，艾春荣，2015. 人口老龄化与中国储蓄率的动态演化 [J]. 管理世界（6）.

王伟新，向云，祁春节，2013. 中国水果产业地理集聚研究：时空特征与影响因素 [J].
　　经济地理（8）.

王艳荣，刘业政，2011. 农业产业集聚形成机制的结构验证 [J]. 中国农村经济（10）.

王跃梅，姚先国，周明海，2013. 农村劳动力外流、区域差异与粮食生产 [J]. 管理世
　　界（11）.

王云峰，2011. 西部地区农业区域专业化研究：产业组织的视角 [D]. 兰州：兰州大学.

温铁军，2004. "三农" 问题是怎样提出的 [J]. 学理论（9）.

吴三忙，李善同，2010. 市场一体化、产业地理集聚与地区专业分工演变——基于中国
　　两位码制造业数据的实证分析 [J]. 产业经济研究（6）.

伍山林，2000. 中国粮食生产区域特征与成因研究——市场化改革以来的实证分析 [J].
　　经济研究（10）.

吴卫芳，2015. 农业经济学研究方法论 [M]. 上海：上海财经大学出版社.

向国成，韩绍凤，2005. 农户兼业化：基于分工视角的分析 [J]. 中国农村经济（8）.

肖卫，肖琳子，2013. 二元经济中的农业技术进步、粮食增产与农民增收——来自年中国省级面板数据的经验证据 [J]. 中国农村经济（6）.

肖卫东，2012. 中国种植业地理集聚：时空特征、变化趋势及影响因素 [J]. 中国农村经济（5）.

徐丽华，王慧，2014. 区域农业产业集群特征与形成机制研究——以山东省寿光市蔬菜产业集群为例 [J]. 农业经济问题（11）.

薛庆根，王全忠，朱晓莉，等，2014. 劳动力外出、收入增长与种植业结构调整——基于江苏省农户调查数据的分析 [J]. 南京农业大学学报（社会科学版）（14）.

薛宇峰，2008. 中国粮食生产区域分化的现状和问题——基于农业生产多样化理论的实证研究 [J]. 管理世界（3）.

严瑞珍，1997. 农业产业化是我国农村经济现代化的必由之路 [J]. 经济研究（10）.

杨丹，2011. 农民合作经济组织对农业分工和专业化发展的促进作用研究——基于中国家族生产方式背景的分析 [D]. 重庆：西南大学.

杨进，钟甫宁，陈志钢，等，2016. 农村劳动力价格、人口结构变化对粮食种植结构的影响 [J]. 管理世界（1）.

杨俊，杨钢桥，胡贤辉，2011. 农业劳动力年龄对农户耕地利用效率的影响——来自不同经济发展水平地区的实证 [J]. 资源科学（9）.

叶敬忠，2018. "三农问题"被夸大的学术概念及其局限 [J]. 东南学术（5）.

袁军宝，陶迎春，2008. 论农业产业化：基于分工与合作的视角 [J]. 科技管理研究（7）.

约翰·内维尔·凯恩斯，2017. 政治经济学的范围与方法 [M]. 党国英，刘慧，译. 北京：商务出版社.

张晗，吕杰，2011. 农业产业集群影响因素研究 [J]. 农业技术经济（2）.

张瑞娟，2017. 农村人口老龄化影响土地流转的区域差异及比较 [J]. 农业技术经济（9）.

张五常，2015. 经济解释 [M]. 北京：中信出版社.

赵晓锋，张永辉，霍学喜，2012. 农业结构调整对农户家庭收入影响的实证分析 [J]. 中南财经政法大学学报（5）.

赵芝俊，袁开智，2011. 中国农业技术进步贡献率测算及分解：1985—2005 [J]. 农业经济问题（3）.

郑伟，林山君，陈凯，2014. 中国人口老龄化的特征趋势及对经济增长的潜在影响 [J]. 数量经济技术经济研究（8）.

郑旭媛，徐志刚，2016. 资源禀赋约束、要素替代与诱致性技术变迁——以中国粮食生

产的机械化为例 [J]. 经济学 (1).

钟甫宁, 2016. 农村劳动力外出务工不利于粮食生产吗? [J]. 中国农村经济 (7).

钟甫宁, 胡雪梅, 2008. 中国棉农棉花播种面积决策的经济学分析 [J]. 中国农村经济 (6).

钟甫宁, 胡雪梅, 2008. 中国棉花生产区域格局及影响因素研究 [J]. 农业技术经济 (1).

钟甫宁, 陆五一, 徐志刚, 2016. 农村劳动力外出务工不利于粮食生产吗? ——对农户要素替代与种植结构调整行为及约束条件的解析 [J]. 中国农村经济 (7).

钟甫宁, 叶春辉, 2004. 中国种植业战略性结构调整的原则和模拟结果 [J]. 中国农村经济 (4).

周宏, 王全忠, 张倩, 2014. 农村劳动力老龄化与水稻生产效率缺失 [J]. 中国人口科学 (3).

周晶, 陈玉萍, 阮冬艳, 2013. 地形条件对农业机械化发展区域不平衡的影响 [J]. 中国农村经济 (9).

周来友, 仇童伟, 周冬, 石晓平, 马贤磊, 2015. 丘陵山区劳动力老龄化对土地利用效率的影响——基于直接效应和间接效应的识别 [J]. 中国土地科学 (10).

周其仁, 1999. 研究真实世界的经济学 [M] //张曙光. 中国制度变迁的案例研究 (第二集). 北京: 中国财经经济出版社.

朱富强, 2009. 现代经济学为何缺乏方法论的反思 [J]. 经济学家 (12).

邹宝玲, 钟文晶, 2015. 行为能力、交易特性与横向专业化程度——基于农户问卷的实证研究 [J]. 华中农业大学学报 (社会科学版) (2).

Becker, G. S., Murphy, K. M., 1992. The Division of Labor, Coordination Costs and Knowledge [J]. Quarterly Journal of Economics, 107 (4): 1137 - 1160.

Cai Fang, Wang Meiyan, 2009. Growth and Structural Changes in Employment in Transition China [J]. Journal of Comparative Economics, 38 (1): 71 - 81.

Cai, F. and M. Wang, 2010. Growth and Structural Changes in Employment in Transition China [J]. Journal of Comparative Economics, 38 (1): 71 - 81.

Coase, R. H., 1937. The Nature of the Firm [J]. Economica, 4 (16): 386 - 405.

Dorosh P, et al., 2012. Road Connectivity, Population and Crop Production in Sub - Saharan Africa [J]. Agricultural Economics, 43 (1).

Ellison G., Glaeser E. L., 1997. Geographic Concentration in U. S. Manufacturing Industries: A dartboard Approach [J]. Journal of Political Economy, 105 (5): 889 - 927.

Emran, M. S., Shilpi F., 2012. The Extent of the Market and Stages of Agricultural Specialization [J]. Canadian Journal of Economics, 45 (3): 1125 - 1153.

Eva Gálvez - Nogales, 2010. Agro - based Clusters in Developing Countries: Staying Competitive in A Globalized Economy [R]. Food and Agriculture Organization of the United Nations Rome.

Fan C., 2009. Flexible Work, Flexible Household: Labor Migration and Rural Families in China [M]. in Lisa Keister (ed.) Work and Organizations in China After Thirty Years of Transition (Research in the Sociology of Work, Volume 19) Emerald Group Publishing Limited: 377 - 408.

Fujita M., Krugman P. R., Venables A. J., 1999. The Spatial Economy: Cities, Regions and International Trade [M]. MIT Press Cambridge (Mass.) .

Gary S., Becker Kevin M., Murphy, 1992. The Division of Labor, Coordination Costs and Knowledge [J]. The Quarterly Journal of Economics, 107 (4): 1137 - 1160.

Gibbs R. M., Bernat G. A., 1997. Rural Industry Clusters Raise Local Earnings [J]. Rural Development Perspectives, 12: 18 - 25.

Hanan G. Jacoby, 2000. Access to Markets and the Benefits of Rural Roads [J]. The Economic Journal, 110 (7) : 713 - 737.

Henry M., Drabenstott M., 1996. A New Micro View of the US Rural Economy [J]. Economic Review, 81 (2): 53 - 70.

Ji C., Guo H., Jin S., Yang J., 2017. Outsourcing Agricultural Production: Evidence from Rice Farmers in Zhejiang Province [R]. Plos One.

Ji Y., Hu X., Zhu J., and Zhong F., 2017. Demographic Change and its Impact on Farmer's Field Production Decisions [J]. Chine Economic Review, 43 (1): 64 - 71.

K. Deininger, S. Jin, 2005. The Potential of Land Rental Markets in the Process of Economic Development: Evidence from China [J]. Journal of Development Economics, 78 (1): 241 - 270.

K. Deininger, S. Jin, 2006. Tenure Security and Land - related Investment: Evidence from Ethiopia [J]. European Economic Review, 50 (5): 1245 - 1277.

Krugman, P . R., 1991. Increasing Returns and Economic Geography [J]. Journal of Political Economy 99: 483 - 499.

Long, C., Zhang, X., 2011. Cluster - based Industrialization in China: Financing and Performance [J]. Journal of International Economics, 84 (1): 112 - 123.

Marshall A., 1920. Principles of Economics (8th ed.) [M]. London: Macmillan.

McWilliams M., Moore M., 2013. Agglomeration in Agriculture: A Quasi-Experiment in the Corn Bel [R]. Heartland Environmental and Resource Economics Workshop.

Milton Friedman, 1966. The Methodology of Positive Economics [M]. In Essays In Positive Economic, Chicago and London: The University of Chicago Press.

Obare G. A., Omamo S. W., Williams J. C., 2003. Smallholder Production Structure and Rural Roads in Africa: The Case of Nakuru District, Kenya [J]. Agricultural Economics, 28 (3).

Picard P. M., Zeng D. Z., 2005. Agricultural Sector and Industrial Agglomeration [J]. Journal of Development Economics, 77 (1): 75-106.

Porter M. E., 1998. Clusters and the New Economics of Competition [J]. Harvard Business Review, 76 (6): 77-91.

Coase R. H., 1937. The Nature of the Firm [J]. Economica, 4 (16): 386-405.

Ronald Coase, 1988. The Nature of the Firm [M]. in The Firm, the Market and the Law, Chicago and London: The University of Chicago Press: 33-34.

Ronald Coase, 1994. How Should Economists Choose [M]. in Essays on Economics and Economists. Chicago and London: The University of Chicago Press: 15-33.

Schmitz H., 1995. Collective Efficiency: Growth Path for Small-scale Industry, The Journal of Development Studies, 31 (4): 529-566.

Scot t A. J., 2006. Geography and Economy [M]. Oxford: Clarendon Press.

Smith A., 1776. The Wealth of Nations [M]. New York: Oxford University Press.

Smith A., 1997. An Inquiry into the Nature and Causes of the Wealth of Nations [M]. The Commercial Press.

Sturm J. E., Jacobs J., Groote P. 1999. Output Effects of Infrastructure Investment in the Netherlands, 1853-1913 [J]. Journal of Macroeconomics, 21 (2).

Wang X. F., Yamauchi K. Otsuka, and J. Huang, 2014. Wage Growth, Landholding and Mechanization in Chinese Agriculture [R]. World Bank Policy Research Working Paper No. 7138, 05.002.

Jin Yang, Zuhui Huang, Xiaobo Zhang, Reardon Thomas, 2013. The Rapid Rise of Cross-Regional Agricultural Mechanization Services in China [J]. American Journal of Agricultural Economics, 95 (5): 1245-1251.

Yang J, Wang H, Jin S, et al. 2016. Migration, Local Off-farm Employment and Agricultural Production Efficiency: Evidence from China [J]. Journal of Productivity Analysis, 45 (3): 247 - 259.

Zepponi D, Fisch R., 2007. Industry - driven Leadership is Vital for Rural Communities [J]. Economic Development America, 12: 20 - 23.

Zhang Xiaobo, Yang Jin, Wang Shenglin, 2011. China Has Reached the Lewis Turning Point [J]. China Economic Review, 22 (4): 542 - 554.

Zhang X., J. Yang, S. Wang, 2011. China Has Reached the Lewis Turning Point [J]. China Economic Review, 22 (4): 542 - 554.

Xiaobo Zhang, Jin Yang, Reardon Thomas, 2017. Mechanization Outsourcing Cluster and Division of Labor in Chinese Agriculture [J]. China Economic Review, 43: 184 - 195.